BRINCAR, RECICLAR E APRENDER NA INFÂNCIA

Dados Internacionais de Catalogação na Publicação (CIP)
(Câmara Brasileira do Livro, SP, Brasil)

Brincar, reciclar e aprender na infância :
efetivando práticas pedagógicas à luz da BNCC /
Valéria Queiroz Furtado, Marta Regina Furlan –
Petrópolis, RJ : Vozes, 2023.
   Bibliografia.
   ISBN 978-65-5713-884-7
   1. Base Nacional Curricular de Educação Infantil
2. Educação ambiental 3. Educação infantil – Metodologia
4. Meio ambiente (Educação Infantil) 5. Práticas educacionais
6. Prática pedagógica 7. Professores – Formação I. Furtado,
Valéria Queiroz. II. Furlan, Marta Regina.

22-139626   CDD-372.357

Índices para catálogo sistemático:
1. Prática de ensino : Professores : Educação ambiental   372.357
Inajara Pires de Souza – Bibliotecária – CRB PR-001652/0

VALÉRIA QUEIROZ FURTADO
MARTA REGINA FURLAN

BRINCAR, RECICLAR E APRENDER NA INFÂNCIA

Efetivando práticas
pedagógicas à luz da BNCC

EDITORA
VOZES

Petrópolis

© 2023, Editora Vozes Ltda.
Rua Frei Luís, 100
25689-900 Petrópolis, RJ
www.vozes.com.br
Brasil

Todos os direitos reservados. Nenhuma parte desta obra poderá ser reproduzida ou transmitida por qualquer forma e/ou quaisquer meios (eletrônico ou mecânico, incluindo fotocópia e gravação) ou arquivada em qualquer sistema ou banco de dados sem permissão escrita da editora.

CONSELHO EDITORIAL

Diretor
Volney J. Berkenbrock

Editores
Aline dos Santos Carneiro
Edrian Josué Pasini
Marilac Loraine Oleniki
Welder Lancieri Marchini

Conselheiros
Elói Dionísio Piva
Francisco Morás
Gilberto Gonçalves Garcia
Ludovico Garmus
Teobaldo Heidemann

Secretário executivo
Leonardo A.R.T. dos Santos

Editoração: Fernando Sergio Olivetti da Rocha
Diagramação: Sheilandre Desenv. Gráfico
Revisão gráfica: Barbara Kreischer
Capa: Estúdio 483

ISBN 978-65-5713-884-7

Este livro foi composto e impresso pela Editora Vozes Ltda.

Vou girar

Vou brincar de passa anel
Vou brincar de esconde-esconde
Vou brincar de professor
O João já sabe onde

Vou brincar de passa anel
Vou brincar de esconde-esconde
Vou brincar de carneirinho-carneirão
Bem atrás daquele bonde
O Miguel já sabe onde

Vou brincar de passa anel
Vou brincar de esconde-esconde
Vou brincar de boneca
A Adriana sabe onde

Vou brincar de passa anel
Vou brincar de esconde-esconde
Vou brincar de amarelinha
E comer fruta do conde

Vou brincar de passa anel
Vou brincar de esconde-esconde
Vou brincar de soltar pipa
O Samir já sabe onde

Vou brincar de passa anel
Vou brincar de esconde-esconde
Vou brincar de peteca
A Laís já sabe onde

Já brinquei de passa anel
Já brinquei de esconde-esconde
Eu já vou
Você já sabe
Eu já vou
Já sei pra onde

Marta Chaves

Sumário

Prefácio, 9

Apresentação, 13

Parte I – Infância, ludicidade e formação de professores, 17

1 Formação e ação lúdica docente: jogos, brinquedos e brincadeiras, 19

2 Brincadeiras e interações e suas interfaces com os campos de experiência na Educação Infantil, 43

3 Tempo de reciclar, criar e brincar na infância: uma estratégia lúdica e educativa, 73

Parte II – Jogos e brinquedos confeccionados com materiais recicláveis, 91

4 Brincar é aprender e aprender é brincar: da confecção do jogo e brinquedo ao brincar, 93

    4.1 Mire na história, 100

    4.2 Corrida das cores, 114

    4.3 Caixa surpresa, 125

    4.4 Jogo das rimas, 151

    4.5 Bolinhas matemáticas, 161

Considerações finais, 181

Referências, 185

Anexos, 189

Sobre as autoras e coautoras, 195

Prefácio

Emoção serena e sentimento de bem-estar são causados em mim ao ler e reler o precioso livro *Brincar, reciclar e aprender na infância – Efetivando práticas pedagógicas à luz da BNCC*. E, aos leitores, deixará a sensação de entusiasmo do primeiro encontro e a sobriedade que se tem com a certeza dos próximos abraços fraternos.

Por mim, posso dizer à Valéria, à Marta, à Diana, à Gláine, à Paula, à Rebeka, à Renata, à Sofia e à Thaís que serei grata pela delicadeza do convite para redigir o Prefácio e pela gentileza da integração do poema *Vou girar* na composição destas páginas talhadas com absoluto esmero e rigor acadêmico.

Este livro, com encontros e reencontros, trará ao leitor a certeza de que, desde os primeiros meses e anos de educação formal, os pequenininhos e as crianças devem e podem ter acesso às máximas elaborações humanas. Saibamos que, na aparência do simples e possível de realizar, como os materiais reutilizáveis (caixas, tampinhas, meias…), há uma densa complexidade nos escritos das organizadoras e das autoras.

Os sentidos e os significados dos quatro capítulos e dezenas de proposições didáticas expressam a densidade teórico-metodológica e a atenção à legislação e às orientações que trazem a letra da lei. Os direitos são relembrados com a Constituição e a BNCC e, guardados os elementos que merecem nossa reflexão, há, sim, nessa orientação legal, aspectos que podem ser considerados por todos nós, profissionais com constantes encontros e reencontros, com nossa realidade desafiadora e nossa esperança que se faz permanente em nossos trabalhos e nossas vidas.

A redação dos argumentos, dos recursos e das sugestões de ações educativas humanizadoras para a organização da rotina (tempo e espaço) próprias para a Educação Infantil e também para o Ensino Fundamental está repleta da sensibilidade que a arte, em especial a literatura, nos faz encontrar. A lembrança a Casimiro de Abreu (1839-1860) nos faz edificar a defesa de que todos nós temos direito a termos "belos dias". E assim pode ser a rotina das crianças: tomada de beleza, sentido e significado, com experiências educativas plenas de todas as possibilidades de jogos, brinquedos e brincadeiras; exatamente como acena Ruth Rocha (1931-) ao nos reapresentar "bola, carrinhos e bonecas", elementos tão importantes à aprendizagem e ao desenvolvimento na infância.

As ilustrações, os desenhos e os instrumentos musicais estão dispostos como se fossem bordados de forma encantante e, ao mesmo tempo, são possibilidades didáticas fortalecidas com "amarelinha" e o secular *"tangram"*, riquezas universais de que crianças e professores podem se apropriar e vivenciar nas manhãs e nas tardes, da primavera ao inverno. As ricas e enriquecedoras que são indicadas ganham vida e som; como nos diz Fernando Pessoa (1888-1935), tornam-se vozes e risos. As perguntas das crianças e as respostas dos professores ganham forma com as massinhas de modelar, incontáveis palavras são memorizadas com o "telefone sem fio", e os brinquedos mobilizam professores e crianças. Desse modo, estes escritos se constituem fonte de pesquisa e planejamento. Quero aqui lembrar quão essencial é a pesquisa, especialmente favorecida quando lemos Walter Benjamin (1892-1940), o fiel amigo de Bertolt Brecht (1898-1956). Brecht, que tanto nos ensinou sobre a necessidade do planejamento.

Este livro é, para nós, um convite e, ao mesmo tempo, um semear de esperança. Um convite a brincar e aprender. Um convite a cirandar, girar e abraçar. Um convite a esconder, procurar, encontrar e abraçar. E, depois, desenhar, colar, jogar, recortar, adivinhar... e, após isso, brincar e brincar. Desejo que João, Miguel, Adriana, Samir, Laís... e todas as crianças possam voltar às suas casas… e que estas sejam lugares onde encontrem e reencontrem abraços.

Marta Chaves
Aguardando o encontro com o inverno…
com a certeza do reencontro com a primavera.

Apresentação

Ao longo de nossas trajetórias profissionais temos defendido categoricamente a importância de propiciar na infância situações de cuidado, brincadeiras e aprendizagens orientadas ou não, que possam contribuir para o desenvolvimento das capacidades infantis de relações interpessoais, de ser e estar com os outros em uma atitude básica de aceitação, respeito e confiança, bem como dirigir um olhar crítico e atento em relação ao acesso aos conhecimentos elaborados por crianças e professores à luz realidade social e cultural.

Ressaltamos, assim, o direito das crianças à brincadeira, no intuito de oportunizar a valorização da atividade lúdica como uma atividade fundamental para o desenvolvimento e espaço de aprendizagem, assim como um salto na qualidade da Educação Infantil e no trabalho educativo com as crianças de até 5 anos de idade.

Sobre isso, esta obra tem como objetivo principal propiciar um conjunto de conhecimentos elaborados acerca do brincar e aprender a partir do processo de ressignificação lúdica por meio de materiais recicláveis, bem como reafirmar a importância da formação e ação do educador numa perspectiva crítica e suas confluências com a prática pedagógica lúdica na Educação Infantil.

Para tanto, é fundamental que os eixos norteadores da prática pedagógica – interações e brincadeiras – sejam fontes impulsionadoras para o processo de aprendizagem e desenvolvimento das crianças, aliados às competências gerais da educação básica propostas pela Base Nacional Comum Curricular – BNCC, bem como os direitos de aprendizagem e desenvolvimento revelados por meio dos campos de experiência na Educação Infantil. Nesta direção há a possibilidade de assegurar na Educação Infantil as condições para que as crianças aprendam, em situações nas quais possam desempenhar um papel ativo e interativo, em ambientes que as convidem a vivenciar desafios e a sentirem-se provocadas a resolvê-los, nas quais possam construir significados sobre si, os outros e o mundo social e natural (BRASIL, 2018).

Parte dessas reflexões são apresentadas neste livro, frutos do diálogo, estudos, pesquisas e ações realizadas no projeto de extensão *Formação Docente em Educação Ambiental na Infância: práticas pedagógicas lúdicas à luz da BNCC*, do Departamento de Psicologia Social e Institucional da Universidade Estadual de Londrina, em colaboração com o projeto de pesquisa intitulado *Semiformação e educação no contexto da sociedade danificada: para além do território demarcado*, do Departamento de Educação da Universidade Estadual de Londrina. Tais projetos se pautam na teoria histórico-cultural e se propõem a apresentar contribuições teóricas para a discussão sobre a formação do educador infantil em sintonia com a prática pedagógica lúdica e educativa com crianças.

Este livro foi organizado em duas partes. A primeira parte é composta de três capítulos. O primeiro capítulo, "Formação e ação lúdica docente: jogos, brinquedos e brincadeiras", aborda sobre a formação lúdica de professores que atuam na Educação Infantil e seu papel enquanto mediadores de ações lúdicas, que possibilitem uma aproximação da criança em relação ao processo de brincar e aprender.

O capítulo seguinte, "Brincadeiras e interações: suas interfaces com os campos de experiência na Educação Infantil", tem o propósito de refletir sobre as interações e brincadeiras enquanto possibilidades para uma prática humanizadora na infância, assim como abordar sobre os campos de experiência enquanto fortificadores para as aprendizagens essenciais na infância.

O terceiro capítulo, "Tempo de reciclar, criar e brincar na infância: uma estratégia lúdica e educativa", coloca em discussão o brincar e educar em uma sociedade de consumo e o uso desses brinquedos industrializados e/ou tecnológicos em larga escala na infância. Por último, abordam sobre a importância do reaproveitamento de materiais recicláveis, tendo como propósito a criação e confecção de brinquedos e jogos como uma estratégia lúdica, e sobretudo socioambiental e educativa na infância, em detrimento ao grande consumo de brinquedos via indústria cultural.

A segunda parte do livro é composta pelo quarto capítulo e pela descrição dos jogos educativos, os quais têm como objetivo apresentar jogos adaptados ou criados por meio da reutilização de materiais recicláveis, em consonância com os campos de experiência, propostos pela Base Nacional Comum. O objetivo desta proposta é possibilitar aos educadores subsídios para a prática com crianças que frequentam a Educação Infantil.

Nesse segmento, acreditamos que, quanto mais experiências lúdicas, expressivas, criativas, interativas a criança tiver na Educação Infantil, mais probabilidade de aprender e se desenvolver integralmente.

Boa leitura a todos e todas!

Parte I

Infância, ludicidade e formação de professores

1 Formação e ação lúdica docente: jogos, brinquedos e brincadeiras

> *Oh! Que saudades que tenho*
> *Da aurora da minha vida,*
> *Da minha infância querida*
> *Que os anos não trazem mais!*
> *Que amor, que sonhos, que flores [...].*
> Casimiro de Abreu

Pensar sobre o brincar na educação da infância é ter a mesma sensação de Casimiro de Abreu quando, em seu texto poético intitulado *Meus oito anos*, revela o gosto gostoso de lembrar a própria infância e sua forma brincante de existir. Infância essa que era envolvida pela liberdade, curiosidade, simplicidade, espontaneidade e, ainda, recheada de muita experiência. O poeta, ao retratar a saudade que traz de sua infância, leva-nos a pensar sobre o que estamos oferecendo às nossas crianças em termos de experiência lúdica. No entanto, o tempo em que estamos vivendo precisa ser promotor dessa experiência da infância de nossas crianças de hoje e adultos de amanhã.

A educação e a mediação docente têm o compromisso de estimular momentos brincantes impulsionadores da vida, da alegria, da aprendizagem, da descoberta, da recreação, e instigadores da experiência revelada em vidas adultas saudosas de suas infâncias, que permitam seus poemas: meus quatro anos; meus seis anos e por aí vai.

Para isso, este capítulo objetiva refletir sobre a formação lúdica de professores na Educação Infantil, bem como dirigir um olhar sensível acerca da aprendizagem das crianças por meio de jogos, brinquedos e brincadeiras. Parte-se da compreensão que o papel docente de mediador da aprendizagem e do desenvolvimento em momentos lúdicos torna-se uma possibilidade de aproximação da criança em relação ao processo de brincar e aprender.

É necessária uma formação docente mais consistente e condizente com as especificidades do trabalho pedagógico com crianças de até 5 anos, haja vista que, embora tem sido discutido bravamente sobre a importância do brincar, ainda é perceptível o encaminhamento nos tempos cotidianos da Educação Infantil de uma ação brincante pela criança reduzida ao processo de passatempo e ou preenchimento de lacunas temporais. Doravante se faz mister pensar em uma formação que revele uma ação pedagógica intencional e educativa favorável a preservação das atividades lúdicas como estratégia essencial à criança enquanto sujeito que descobre o mundo por meio de suas interações.

De maneira metodológica, optou-se por uma discussão que parte do direito da criança ao processo de educação, cuidado e brincadeira, haja vista que desde a Constituição Federal de 1988 luta-se para que as crianças tenham o direito de aprender por meio das interações e brincadeiras. A discussão também se dá no processo de reflexão sobre a organização de um trabalho pedagógico docente pautado na formação sólida e que revela uma ação lúdica mais adequada aos níveis de desenvolvimento infantil que, atualmente, se adequa ao público de crianças de 0 a até 5 anos. Por meio do trabalho pedagógico é possível imprimir a organização do tempo, espaço e das interações brincantes, principalmente porque brincar e aprender são indissociáveis.

O direito de brincar na Educação Infantil

> *[...] Como são belos os dias*
> *Do despontar da existência!*
> *– Respira a alma inocência*
> *Como perfumes a flor;*
> *O mar é – lago sereno,*
> *O céu – um manto azulado,*
> *O mundo – um sonho dourado,*
> *A vida – um hino d'amor! [...]*
> Casimiro de Abreu

A Educação Infantil firma-se, historicamente, como um direito de toda a criança em sintonia com o brincar a partir da Constituição Federal de 1988; contudo, é na Lei de Diretrizes e Bases da Educação Nacional – 9.394/1996 (LDBEN) que aparece como primeira etapa da educação básica, passando a integrar os sistemas de ensino, constituindo um espaço institucional educativo, com exigências legais que visam garantir um atendimento de qualidade às crianças de até 5 anos por meio da relação indissociável entre "educar, cuidar e brincar" (BRASIL, 1988).

O Referencial Curricular Nacional para a Educação Infantil ao se referir ao processo de brincar, ancora a luta pelo direito da criança ao brincar como forma particular de desenvolver a expressividade, pensamento interativo e comunicativo, entre outras aprendizagens. Ainda, entende-se que, através das brincadeiras, o professor tem a oportunidade de não somente conhecer a criança e sua subjetividade humana, mas também registrar suas formas peculiares de aprender ludicamente, seus hábitos, costumes, valores e crenças. O referido documento enfatiza que, para que as crianças possam exercer sua capacidade de criar por meio de experiências, é necessário que a escola e os professores planejem atividades lúdicas por meio de jogos, brinquedos e brincadeiras. Diante disso,

A brincadeira favorece a autoestima das crianças auxiliando-as a superar progressivamente suas aquisições de forma criativa. Brincar contribui, assim, para a interiorização de determinados modelos de adulto, no âmbito de grupos sociais diversos. Essas significações atribuídas ao brincar transformam-se em um espaço singular de constituição infantil (BRASIL, 1998, p. 27).

Tratar do brincar na educação de crianças é debruçar sobre uma vasta contribuição teórica e prática acerca dessa temática, esse quintal brincante ao qual muitos pesquisadores de diversas áreas (pedagogia, psicologia, letras, artes, educação física, filosofia, saúde) têm dirigido seus olhares. Além disso, as obras voltadas ao brincar também têm sido evidenciadas desde a Antiguidade até os dias atuais, buscando firmar o compromisso de brincar com a aprendizagem e o desenvolvimento infantil.

Todavia, ainda há muita nebulosidade no que tange ao ato de brincar, haja vista que, nos discursos, sejam eles oficiais e pedagógicos, há a claridade perceptível de sua importância. O cotidiano do trabalho escolar tem revelado um outro lado da história que não é contada, que muitas crianças passam a maior parte do seu tempo dedicadas a atividades de prontidão para a alfabetização – por exemplo, com preenchimentos quantitativos de atividades dirigidas e estereotipadas –, enquanto poderiam ser sensivelmente mediadas por uma amplitude de aprendizagem, principalmente por meio de jogos, brinquedos e brincadeiras.

Mas afinal, por que isso é tão complicado? Há ainda uma deturpação conceitual e funcional sobre os jogos, brinquedos e brincadeiras por conta de um enraizamento temporal do brincar como mera diversão e entretenimento. A grande dificuldade dos professores é associar o brincar e o processo de ensino e aprendizagem.

Ao contrário, para os teóricos da infância, o brincar é fonte inspiradora para a aprendizagem e desenvolvimento das crianças e, ainda, resulta em benefícios fundamentais como: criatividade, prazer, alegria, espontaneidade, criticidade, autonomia, descoberta do saber, entre outros. Também pode ser, entretanto, complexo, provocativo e temido, dependendo das intencionalidades da escola e do trabalho docente. Para isso, além de buscar garantir o direito do brincar na vida infantil, é mister ponderar a necessidade de compreender que essa ação lúdica é coisa séria, ou seja, tem suas relevâncias no processo de aprendizagem e desenvolvimento dos pequenos.

Para que haja a garantia dos direitos efetivados na prática cotidiana é fundamental que haja diferentes formas de brincar e interagir na Educação Infantil por meio de diversas experiências lúdicas, tais como: brincadeiras no espaço interno e externo; rodas de história; rodas de conversa; ateliês ou oficinas de desenho, pintura, modelagem e música; atividades diversificadas em ambientes organizados por temas ou materiais à escolha das crianças, incluindo momentos para que possam ficar sozinhas, se assim o desejarem; e brincadeiras de cuidados com o corpo (BRASIL, 1998, p. 56).

Por conseguinte, um dos fatores que tornam a instituição de Educação Infantil um espaço privilegiado de aprendizagem e desenvolvimento da criança é a possibilidade de interações com outras crianças e adultos, primordialmente, por meio do brincar. As brincadeiras podem ser planejadas de acordo com as necessidades das crianças em termos de aprendizagem e desenvolvimento, sempre levando em consideração os conhecimentos prévios de cada uma delas. Nesse sentido, a Base Nacional Comum Curricular (BRASIL, 2018a) orienta que o brincar precisa acontecer cotidianamente e de formas diversificadas na escola, tanto na Educação Infantil como nos anos iniciais do Ensino Fundamental. Acrescenta ainda que, por meio de práticas lúdicas do ensino, é possível vislumbrar a ampliação e a diversificação do acesso a produções culturais pela criança, além de seu desenvolvimento integral.

Da formação à ação lúdica docente

> [...] Oh! dias da minha infância!
> Oh! meu céu de primavera!
> Que doce a vida não era
> Nessa risonha manhã.
> Em vez das mágoas de agora,
> Eu tinha nessas delícias [...].
> Casimiro de Abreu

A discussão acerca da ação lúdica docente integra componentes essenciais sobre a formação inicial e contínua a partir de uma base teórico-metodológica enraizada por fundamentos críticos da Educação Infantil e do próprio conceito de infância e sujeito criança. A docência exige também uma contextualização adequada de forma a ser possível encontrar o percurso mais coerente para a transformação das experiências em aprendizagens pelas crianças.

Parte-se do princípio que, ao compreender o conceito de criança e infância nesse tempo social contemporâneo, requer do professor absorver que a Educação Infantil não é sinônimo de antecipar rituais comuns no Ensino Fundamental para se apresentar conteúdos de diferentes áreas do conhecimento e, ao mesmo tempo, preservar tempo e espaço para o lúdico, mas trabalhar conhecimento e ludicidade de modo integrado. Sobre isso, Sforni e Cabó (apud MAGALHÃES; EIDT, 2019, p. 90) exemplificam:

> [...] não se trata de passar lista de numerais para as crianças copiarem para que, supostamente, aprendam matemática, mas inserir brincadeiras que exigem controle de quantidades, criando, assim, motivos para elas pensarem matematicamente e fazerem registros numéricos. Brincar de jardineiro, plantar e cuidar de plantas é um meio de inserir conhecimentos sobre os vegetais, meio ambiente e das ações humanas sobre esse meio. Essa brincadeira pode gerar a necessidade e motivos para realização de registros por meio de diversas linguagens como desenhos, pinturas e escrita do nome das plantas, dos procedimentos utilizados, da quantidade de semente, de água, dentre outros conteúdos.

Para que essa prática docente seja validada na educação das crianças se faz necessário uma formação docente revestida de compreensão das providências necessárias para a experiência do brincar infantil, como: preparar o ambiente, adequar os espaços para a brincadeira e garantir a participação docente nas situações brincantes de crianças. Ainda, cabe ao professor(a) o preparo das atividades, a seleção dos materiais lúdicos e a direção das brincadeiras. No contexto pedagógico, os ambientes educativos em que ocorrem as atividades da brincadeira devem ser fisicamente estruturados, segundo os significados culturais das pessoas responsáveis pela criança. Deste outro lado, segundo Vygotsky (1991) cabe ao educador, como um adulto social mais experiente, incentivar as crianças a brincar, organizar o espaço físico da escola (interno e externo), facilitando a disposição dos brinquedos, mobiliário etc., ou ainda potencializar um ambiente em que a experiência infantil seja enriquecida por enlaces emocionais e fantasias.

Nesse sentido, revelamos a necessidade de uma proposta de formação de professores(as) que priorize o incentivo do ensino e de experiências brincantes de aprendizagem, distanciando-se do trabalho educativo movido por modelos escolarizantes e de prontidão para a alfabetização, ou seja, fragmentados e mecanizados. Por ser essa a tarefa do(a) professor(a) tão fundamental na constituição da pessoa é que lutamos por ter profissionais qualificados que ampliem seus saberes e fazeres docentes, no sentido de potencializar o acontecimento das máximas possibilidades do desenvolvimento humano, ou seja: "[...] o meio desempenha no desenvolvimento da criança, no que se refere ao desenvolvimento da personalidade e de suas características específicas ao homem, o papel de fontes de desenvolvimento" (VYGOTSKY, 2010, p. 682).

Entretanto, faz-se necessário que os diferentes profissionais que atuam nas instituições educativas valorizem a formação continuada no sentido do estudo e aprimoramento de aspectos imprescindíveis à sua ação pedagógica, a fim de desenvolver ações de mediação como possibilidade de ensino no processo de apropriação e internalização dos conhecimentos necessários à estimulação do desenvolvimento da criança desde a mais tenra idade. Vale ressaltar que a própria experiência pedagógica oportuniza a esse aprimoramento um ambiente dialógico em que o aprender a confeccionar jogos recorda experiências e engendra novos sentidos e vivências emocionais com o ensinar.

O relatório de atividade de Madalena Freire em fevereiro e março de 1978 (FREIRE, 1983, p. 19) já afirmava que o trabalho do professor precisa ser pautado em uma ação intencionalmente planejada, no sentido de que pelo brincar e aprender as crianças se descubram participantes desse processo. Acrescenta:

> É importante desde logo salientar que, de maneira alguma, esta rotina é vivida de modo rígido, inflexível, durante o decorrer do dia. Muitas vezes as próprias crianças propõem a sua inversão, ou a professora, baseando-se na observação do grupo, propõe um outro tipo de encaminhamento para o dia, dentro ou não da rotina.

Sobre isso, só será possível garantir os direitos de aprender de maneira alegre, ativa e brincante quando pensarmos criticamente acerca da qualidade da formação dos(as) professores(as) que atuam com as crianças desde a Educação Infantil até os anos iniciais do Ensino Fundamental, uma vez que se torna a linha diretriz para qualquer ação educativa com as crianças. Podemos afirmar que a formação é o ponto essencial que estrutura e implementa as demais variáveis que compõem o conceito de qualidade (ANGOTTI, 2007).

É uma tarefa complexa e difícil, mas não impossível, pois se o professor considerar o conhecimento sobre a infância e o brincar como o eixo central de seu trabalho, no sentido de encontrar nos pressupostos teóricos a liberdade para suas escolhas intencionais, ele encontrará as brechas para a efetivação de uma ação pedagógica profícua. A provocação está na organização e sistematização de um planejamento permissivo ao que é lúdico, interativo e criativo. Nesse prisma, as atividades precisam partir do professor em consonância com as necessidades e opiniões das crianças e suas experiências trazidas para a sala de aula.

Além disso, os saberes devem ser trabalhados envolvendo os objetivos de aprendizagem e as experiências à luz das áreas do conhecimento (oralidade e escrita, matemática, arte, educação motora, ciências, história e geografia), visto que os jogos, brinquedos e brincadeiras precisam ser reconhecidos em qualquer nível de ensino como relevantes para o processo de conhecimento do mundo e dos saberes pelas crianças.

Na Educação Infantil, o brincar acontece mediante os campos de experiência: a) eu, o outro e o nós; b) corpo, gesto e movimento; c) traços, sons, cores e formas; d) escuta, fala, pensamento e imaginação; e) espaços, tempos, quantidades, relações e transformações. Essas experiências ocorrem por meio da garantia dos seis direitos de aprendizagem: conviver, participar, brincar, explorar, expressar e conhecer-se (BRASIL, 2018).

É importante considerar que o desenvolvimento do ser humano acontece a partir da apropriação da cultura e das diversas mediações ocorridas ao longo desse processo. Assim, a criança em fase escolar, mesmo estando no Ensino Fundamental, não deixa de ser criança, e por isso precisa ter essas experiências de aprendizagem por meio de jogos, brinquedos e brincadeiras, nos quais a apropriação, a assimilação e a relação com o mundo e com o saber se tornam mais interativas e relevantes. Diante disso, cabe ao professor a tarefa de mediar situações diversas por meio de jogos, brinquedos e brincadeiras: jogos e brinquedos tradicionais; jogos de alta habilidade motora; jogos de raciocínio lógico, atenção, concentração e linguagem; jogos rítmicos ou brincadeiras cantadas entre outras formas brincantes.

Para tanto, o professor precisa saber sobre o sujeito que brinca, suas capacidades, habilidades e formas peculiares de aprender e, diante disso, criar ambientes estimuladores e enriquecedores do saber por meio do mundo divertido do conhecimento. É necessário ainda ter compreensão sobre o tempo peculiar das crianças que é, de fato, um tempo sem pressa, mas de grandes conquistas. Por conseguinte, independentemente do nível escolar da criança, é preciso reconhecer o tempo e a organização múltipla dos espaços. Esses espaços devem ser ricos em estímulos, com acesso livre às crianças; devem envolver uma rotina estruturada e flexível ao mesmo tempo, para que as crianças possam escolher como pensar seu tempo e exercitar sua aprendizagem de autogestão de seu comportamento.

Organização do tempo, espaço e interações brincantes

Um dos elementos que chama a atenção das crianças da Educação Infantil consiste na organização e arranjo do espaço e na disponibilização dos materiais que são oferecidos a elas durante o cotidiano das atividades na escola. Por meio de uma rotina estruturante da aprendizagem, pode-se pensar em um arranjo metodológico que evidencie práticas lúdicas em diferentes tempos e espaços.

A partir da concepção de uma educação voltada à garantia do protagonismo da criança compartilhado com os seus pares e com o adulto, no caso o professor, considera-se que elas precisam ter condições lúdicas para desenvolver suas ações, criar a partir do ambiente, interagir com outras crianças, ressignificar lugares e materiais; enfim, descobrir e conhecer-se. Sobre isso, Farias e Mello (apud SANTOS; TOMAZETTI; MELLO, 2019, p. 260) afirmam:

> Queremos educar as crianças para que sejam protagonistas de suas ações e que tenham suas ideias ou vidas, que possam brincar a maior parte de seu tempo na escola, ao mesmo tempo em que ampliam sua cultura por meio de atividades culturais e de lazer que apresentam o mundo para além de seu cotidiano.

A partir dessa concepção de educação e ensino, as autoras mergulham no desafio de uma educação lúdica pautada pela organização do tempo e do espaço das crianças, de maneira a criar um ambiente permissivo para as atividades internas e externas, com brincadeiras, músicas, arte, mundo encantado do letramento, passeios em espaços públicos, como teatros, parques ecológicos, museus. O objetivo dessas atividades é criar um rico universo de possibilidades à luz das ideias das crianças e de seus interesses.

Para que essa organização espacial e temporal seja interativa e humanamente promotora do desenvolvimento é crucial que haja um mediador mais experiente, que pode ser um adulto representado pelo professor ou por outra criança, para que aprendam cotidianamente a partir de diversas situações brincantes na escola. A disponibilidade e a quantidade de brinquedos, objetos e materiais – sejam eles industriais, fabricados pelas crianças, ou elementos da natureza, como cordas, pneus, madeira – pode ser o início de muitos outros momentos em que a criança, a partir do espaço, construa o ambiente de exploração livre, orientada e, consequentemente, de invenção.

A ideia central é que as atividades planejadas diariamente devem contar com a participação ativa das crianças, garantindo-lhes a construção das noções de tempo e de espaço, possibilitando-lhes a compreensão do modo como as situações da vida cotidiana na escola são efetivamente organizadas e, sobretudo, permitindo ricas e variadas interações sociais. Para isso, devemos pensar nas duas formas importantes de organização: a) organização das atividades no tempo e b) organização das atividades no espaço (BARBOSA; HORN, 2001, apud CRAIDY; KAERCHER, 2001).

Em relação à organização das atividades lúdicas no tempo, destaca-se que é preciso prever os momentos diferenciados de organização, ou seja, a variação de tempo de crianças menores para as crianças maiores. Assim, quanto menor a criança, menor seu tempo de concentração e participação em uma atividade. Conforme a criança desenvolve essa habilidade do tempo, ela adquire outra *performance*, ampliando de maneira mais efetiva a concentração e a dedicação na respectiva atividade, seja ela lúdica ou não.

O convite é para um tempo que permita à criança desenvolver experiências, se conhecer e se descobrir. Para isso, é preciso pensar: 1) Quais tipos de atividades poderemos propor?; 2) Em que momentos são mais adequadas?; e 3) Em que lugar e tempo serão melhor realizadas pelas crianças? A disposição das atividades no tempo permite acolher as necessidades das crianças, principalmente estas: a) biológica; b) psicológica; e c) social e histórica, conforme o quadro 1, elaborado a partir das contribuições de Barbosa e Horn (apud CRAIDY; KAERCHER, 2001, p. 68-70).

Quadro 1 – Necessidades das crianças e a organização do tempo

Necessidades biológicas	As crianças precisam ter tempo para realizar ações de repouso, alimentação e higienização de acordo com sua idade.
Necessidades psicológicas	As crianças precisam ter tempo para realizar as atividades no seu tempo e ritmo, que pode ser diferente do tempo e ritmo de outra criança.
Necessidades sociais e históricas	As crianças precisam ser respeitadas em sua cultura, estilo de vida, valores familiares e religiosos.

Fonte: Adaptado de Craidiy e Kaercher (2001, p. 68-70).

Diante das necessidades das crianças, podemos pensar em atividades de diferentes tipos, conforme demonstrado a seguir.

- **Atividades diversificadas para livre-escolha**: as crianças podem escolher o que desejam fazer e como fazer para brincar e criar.

- **Atividades envolvendo tempos únicos de interação**: compartilhar vivências lúdicas ora em momentos coletivos, ora momentos sozinhos, ora entre pares, para brincar de faz-de-conta, brincar com o corpo, com o movimento, a atenção, a memória, a pintura e o desenho, com jogos de papéis sociais etc.

- **Atividades opcionais**: propor situações que tenham como referência o interesse das crianças por algum fato ou acontecimento. Dentre elas, poderá promover passeios, visitas temáticas, envolvimento com a comunidade e com familiares.

- **Atividades coordenadas pelo adulto**: organizadas pelo adulto, no caso o professor, e dirigidas a todo grupo de crianças. Essas atividades podem variar seus lugares de experiência lúdica a fim de envolver as crianças em situações de brincadeiras com jogos sensoriais, naturais, musicais, dramáticos, rodas cantadas, brincadeiras cantadas, piqueniques, confecção de jogos e brinquedos com materiais recicláveis etc.

Desse modo, por meio de diferentes arranjos temporais, é possível estabelecer um conjunto de elementos significativos para a criança aprender à luz das relações sociais e do conjunto de situações ao seu redor. Tudo pode ser aprendido por meio da brincadeira, os números podem ser vivenciados em tempos brincantes de amarelinha, bingo, caça ao tesouro; as letras podem ser identificadas por meio de jogos da memória, boliche, quebra-cabeça, cruzadinhas, entre tantas outras formas de brincar. É evidente que a escola e os professores precisam ressignificar seu trabalho educativo com as crianças, para que, assim, possam trilhar um processo de ensino e aprendizagem que garanta a descoberta fascinante do brincar nesse tempo tão precioso, que é a infância.

Em se tratando da organização das atividades lúdicas no espaço, pensar neste universo é abrir os olhos para um horizonte infinito de possibilidades, visto que a criança tem o direito de vivenciar situações lúdicas de aprendizagem em espaços diversos, em ambientes acolhedores e organizados para atender às suas necessidades e interesses. Os espaços devem ser abertos, fechados, amplos, reduzidos, arejados, com boa luminosidade, agradáveis, coloridos, e devem ter as marcas das crianças, suas conquistas, suas produções, suas invenções, ou seja, ser um lugar de pertencimento para crianças e seus pares.

Na perspectiva lúdica, o espaço deve superar um lugar rígido, frio, mecanizado e insensível. Esse espaço deve ainda permitir que as relações humanas e lúdicas estabelecidas entre as próprias crianças e também com adultos construam vínculos de aprendizagem, de interação, de desenvolvimento físico, psíquico, motor e cognitivo, e também vínculos de afeto. Horn (2004, p. 15), ao se referir ao conceito de espaço, revela que:

> Não basta a criança estar em um espaço organizador de modo a desafiar suas competências; é preciso que ela interaja com esse espaço para vivê-lo intencionalmente. Isso quer dizer que essas vivências, na realidade, estruturam-se em uma rede de relações e expressam-se em papéis que as crianças desempenham em um contexto no qual os móveis, os materiais, os rituais de rotina, a professora e a vida das crianças fora da escola interferem nessas vivências.

De maneira complementar, o espaço é a organização física, constituída pelos arranjos de tijolos, madeira, cores, paredes etc. O ambiente se constitui pelas marcas humanas sobre o espaço, que podem ser marcas de encontro, de relação, de afeto e de criatividade entre adultos e crianças; todavia, podem ser marcas "sem voz", silenciadas pelas ações prioritárias dos adultos sobre a vida das crianças. Sobre isso, Wallon e Vygotsky (apud HORN, 2004) ratificam a importância do meio no desenvolvimento humano como possibilidade de desenvolver na criança afetividade, linguagem, cognição com as práticas sociais etc.

Desse modo, cabe ao adulto a organização na sua prática pedagógica de espaços amplos, menores, fechados, abertos, de modo que a criança possa construir sua autonomia e, ao mesmo tempo, desenvolver relações com o grupo. Ainda, a criatividade precisa ser aguçada por meio de organização de ambientes lúdicos, com hora do conto, oficina do brinquedo, ateliê, parque, balanços e pneus, entre outros.

Barbosa e Horn (apud CRAIDY; KAERCHER, 2001) corroboram com essa discussão ao afirmarem que o ambiente construído no espaço físico precisa ser envolvido por gosto, toque, sons e palavras, regras de uso do espaço, luzes, cores, odores, mobílias, equipamentos, materiais alternativos etc. Acrescentam as autoras que o professor precisa atentar para algumas questões relevantes, principalmente quando o assunto é o ambiente enquanto potencializador do brincar, da descoberta e da interação. Pode-se pensar, assim, nos aspectos listados a seguir.

- **Odores**: é o cheiro da criança em seus diferentes lugares.
- **Ritmos**: chegada, saída da criança, repouso, alimentação, materiais de cozinha, ou seja, ritmos de acordo com a rotina estruturante.

- **Cores**: alegres e que se combinam, principalmente as cores primárias e secundárias. Para alguns ambientes, as cores podem servir como estratégia de relaxamento.
- **Mobílias**: adequadas ao tamanho das crianças e instigadora da autonomia, como armários e gavetas funcionais para a criança.
- **Sons, ruídos, palavras**: ambiente sonoro agradável, ora sons fortes, ora fracos.
- **Gosto**: as preferências das crianças, suas formas peculiares de decidir na organização do ambiente.
- **Toque**: variedade de materiais a serem ofertados, como madeira, pedra, carvão, areia, grama, terra etc.
- **Uso especial das regras**: regras de divisão e convivência de todos no mesmo espaço.

Em relação ao **espaço externo**, é preciso compreender a grande empreitada docente em **potencializar espaços com proposição** de:

1) **Jogos mais tranquilos e ou relaxantes** para a criança, tais como cadeiras preguiçosas, balanços, redes baixinhas, areia para a criança fazer modelagens etc.

2) **Jogos e brinquedos de manipulação e construção** como bacias para brincar com água e objetos lúdicos, caixa de areia para construção de modelagens diversas etc.

3) **Jogos de movimento** que permitam à criança desenvolver as habilidades motoras concernentes às suas capacidades cognitivas e físicas.

4) **Jogos imitativos e de faz-de-conta** com apresentação de espaços com a casinha, materiais de beleza, escolar, escritório etc.

5) **Jogos de aventura e imaginação** que podem ser desenvolvidos em bosque de árvores e arbustos, túneis, pedras, espaço para criar animais, plantar, cultivar horta. Principalmente para os jogos de imitação e imaginação, é necessário ressignificar o espaço permitindo o uso do espaço não estruturante, a fim de que a criança tenha esse papel ativo (Barbosa e Horn, apud CRAIDY; KAERCHER, 2001).

Nos **espaços internos** há um arranjo próximo ao do espaço externo, no sentido de acreditar nas capacidades psíquicas, físicas e humanas das crianças. Assim, esses espaços podem ser estruturados com uso de materiais diversos: no **chão**, com tapetes, panos, plásticos coloridos, emborrachados, entre outros; nas **laterais**, com pequenas estantes, biombos, floreiras, panos pendurados em cordas, cortinas; no **teto,** com criações de móbiles, placas, toldos com lençóis e outros.

O espaço, seja externo ou interno, precisa constituir-se enquanto parte integrante da ação pedagógica. É importante mencionar que essa organização precisa ser ponderada de acordo com o número de crianças, a faixa etária, as características do grupo e o entendimento de que a sala de aula não é propriedade do professor, e precisa ser pensada e organizada com a participação das crianças.

Ao retomar o objetivo geral dessa discussão, novos desafios surgem e provocam-nos a pensar sobre o que realmente estamos acreditando e o que estamos oferecendo às nossas crianças. Não há dúvidas de que as crianças têm suas especificidades que precisam ser consideradas na organização do trabalho pedagógico; entretanto, criar tempo e espaço para que isso seja manifestado pelo brincar é o nosso desafio.

Mais que atividades no papel e horas com preenchimentos de exercícios dirigidos e estereotipados, nossas crianças precisam de propostas impulsionadoras do desenvolvimento, da vida e do desejo pela descoberta sensível e alegre do saber. Ainda, por meio de jogos e brincadeiras, pode-se pensar em situações cotidianas que possibilitem à criança vivenciar a infância com dignidade, por meio de um ambiente acolhedor, estimulador, lúdico, seguro, e que, acima de tudo, permita-lhe expressar as aprendizagens referentes ao saber escolar. O grande desafio está posto: descobrir nossa criança como um ser que realmente precisa aprender de maneira brincante e, ainda, que precisa de um professor que minimamente respeite isso e permita uma relação sensível, de acolhimento, criatividade e ludicidade.

2 Brincadeiras e interações e suas interfaces com os campos de experiência na Educação Infantil

> [...] Mas criança também tem
> O direito de sorrir.
> Correr na beira do mar,
> Ter lápis de colorir...
>
> Descer do escorregador,
> Fazer bolha de sabão,
> Sorvete, se faz calor,
> Brincar de adivinhação [...].
> Ruth Rocha

A brincadeira é uma das principais maneiras de a criança ser e se expressar na infância, de tal modo que se pode afirmar que a criança, sobretudo nos primeiros anos de vida, é em grande medida um ser brincante em potencial. A partir desta compreensão é mister oferecer situações brincantes e interativas às crianças como fonte impulsionadora para seu desenvolvimento integral, uma vez que a criança aprende e se desenvolve por meio das brincadeiras, sejam elas: cantadas, recreativas, de papéis sociais, de regras etc.

Ao relacionar com a Base Nacional Comum Curricular (BRASIL, 2017), que define as interações e brincadeiras como eixos norteadores da prática pedagógica na Educação Infantil, podemos anunciar com convicção e sensibilidade a identidade educativa do trabalho desenvolvido com as crianças de até 5 anos de idade, principalmente em consideração ao entrelaçamento de convicções e práticas que a caracterizam e a definem enquanto lugar de aprendizagem por meio da dimensão lúdica do conhecimento.

A partir da compreensão de que a brincadeira e as interações tornam-se possibilidades para crianças e adultos, enveredaram na trilha da descoberta, da emoção, do desafio, da experiência em favor da construção do conhecimento de si e do mundo. É importante que os professores da infância desenvolvam um planejamento voltado a um ensino que garanta a promoção de espaços seguros e diversificados para que as crianças, desde bebês, possam ter um desenvolvimento motor, sensorial e cinestésico, evitando o confinamento, o sedentarismo e a obesidade, uma vez que é uma necessidade de a escola buscar garantir o crescimento saudável da criança.

É importante o trabalho com a criança pequena a partir das diferentes linguagens dela, pois se defende a ideia de que a criança tem ganhos significativos quando as múltiplas linguagens delas são trabalhadas mediante o conto, as histórias, a expressão oral, a manipulação e análise de situações que envolvem objetos, as construções que ela faz com eles, os movimentos corporais, dentre outras coisas. Sobre as ações das crianças e suas formas peculiares de expressão, as Diretrizes Curriculares Nacionais para a Educação Infantil no art. 9º afirma que, a partir das interações e a brincadeira, as crianças têm capacidade de construir e apropriar-se de conhecimentos por meio de suas ações e interações com seus pares e com os adultos, fortalecendo a aprendizagem, o desenvolvimento e as relações sociais humanas.

A partir dessas afirmativas de como as crianças aprendem nesse processo brincante e interativo, é importante considerar a partir de Mello (apud MAGALHÃES; EIDT, 2019, p. 94) três indicadores sobre esse processo interativo de aprendizagem e que, de modo geral, promovem a qualidade do trabalho na Educação Infantil:

> [...] o acesso das crianças à cultura nas suas formas mais elaboradas – o que significa ir além da cultura a que a criança tem acesso na vida cotidiana; a expressão das crianças por meio de múltiplas linguagens e a condição de sujeito das crianças nas atividades que realizam. Tudo isso requer uma parceria com os adultos e com as crianças de idades diferentes em espaços intencionalmente organizados pelo(a) professor(a) para isso.

Em sintonia com a base, as ações das crianças por meio das interações e brincadeiras são fontes impulsionadoras do trabalho pedagógico no cotidiano infantil, trazendo uma complexidade de potenciais para o desenvolvimento integral das crianças, e isso não é um assunto novo. Ao se debruçar na história da educação da criança é possível vislumbrar uma ampla contribuição teórica e prática sobre essa temática, em que muitos pesquisadores de diversas áreas (pedagogia, psicologia, letras, artes, educação física, filosofia etc.) têm dirigido seus olhares para esse quintal brincante e socializador do saber.

Além disso, é mister evidenciar que as obras produzidas em relação ao brincar na educação da infância estão presentes desde a Antiguidade até os nossos dias, firmando o compromisso desta prática lúdica em sintonia com a construção do ensino, aprendizagem e desenvolvimento infantil.

A partir desses apontamentos introdutórios, anunciamos para este capítulo a necessidade de refletir sobre as interações e brincadeiras enquanto possibilidades para uma prática humanizadora na infância e discutir sobre os campos de experiência enquanto fortificadoras para as aprendizagens essenciais na infância, tendo a ação mediadora de professores(as) que atendem este nível de ensino.

Interações e brincadeiras: por uma prática mais humanizadora na infância

> *[...] Morango com chantilly,*
> *Ver mágico de cartola,*
> *O canto do bem-te-vi,*
> *Bola, bola, bola, bola!*
>
> *Lamber fundo da panela*
> *Ser tratada com afeição*
> *Ser alegre e tagarela*
> *Poder também dizer não! [...]*
> Ruth Rocha

A interação durante o brincar caracteriza o cotidiano da infância, trazendo consigo muitas aprendizagens e potenciais para o desenvolvimento integral das crianças. Ao observar as interações e as brincadeiras entre as crianças e delas com os adultos é possível identificar, por exemplo, a expressão dos afetos, a mediação das frustrações, a resolução de conflitos e a regulação das emoções. Tendo em vista os eixos estruturantes das práticas pedagógicas e as competências gerais da educação básica propostas pela BNCC, seis direitos de aprendizagem e desenvolvimento asseguram, na Educação Infantil, as condições para que as crianças aprendam em situações nas quais possam desempenhar um papel ativo em ambientes que as convida a vivenciar desafios e a sentirem-se provocadas a resolvê-los, nas quais possam construir significados sobre si, os outros e o mundo social e natural.

Em relação aos direitos de aprendizagem, há necessidade de nos debruçarmos criticamente sobre os seis direitos normatizados pela Base Nacional Comum Curricular – BNCC (BRASIL, 2017, p. 38), que estabelece as ações das crianças no que tange ao processo de "conviver, brincar, participar, explorar, expressar, conhecer-se".

No que tange ao processo de conviver é fundamental a relação com outras crianças e com os adultos, em pequenos e em grandes grupos, por meio de diferentes linguagens a partir do conhecimento de si e do outro, a diversidade humana e cultural. É interessante saber que não basta deixar crianças brincarem juntas no mesmo espaço, é fundamental que a socialização aconteça por meio da inclusão social e humana, e não somente integrá-las em um arranjo aparentemente socializador. As possibilidades de convivência precisam ser envolvidas por brincadeiras que incluam as crianças e lhes permitam agir com solidariedade, cooperação, autonomia, ajuda mútua e, não juntas e ao mesmo tempo sozinhas, tampouco por meio de estratégias lúdicas que gerem competição e individualismo entre crianças.

Em relação ao brincar, é fundamental compreender que, segundo o documento nacional – BNCC – são cruciais as diversas formas de estabelecer o brincar na escola infantil, a partir do aproveitamento do espaço, tempo e linguagens da criança, principalmente fortalecida pelos campos de experiência. A partir de experiências brincantes é possível perceber na criança o desenvolvimento do conhecimento elaborado, da imaginação, criatividade, além das experiências "emocionais, corporais, sensoriais, expressivas, cognitivas, sociais e relacionais" (BRASIL, 2018, p.38). Ainda, segundo Oliveira e Nogueira (apud MAGALHÃES; EIDT, 2019, p. 142), "as crianças precisam expressar livremente seus medos, inseguranças, leituras de mundo, impressões, além de que precisam ter espaços para conhecer, perguntar, elaborar hipóteses, estabelecer relações e aprender de maneira real e significativa".

Acrescentam as autoras: "dos parques de areia, com seus balanços construídos nas grandes árvores enquanto cenário lúdico para as crianças às salas de referência, todas as organizações estão expressando como se vê, percebe e pensa ser a criança e sua aprendizagem" (apud MAGALHÃES; EIDT, 2019, p. 142).

No que se trata da ação da criança em participar, há, segundo a base, a necessidade de que a criança possa realizar as ações de maneira efetiva na escola, visto que na maioria dos casos, o adulto acaba realizando as atividades para ela e não com ela. Aqui está uma luta pelo que é óbvio em relação ao trabalho na Educação Infantil, de permitir que a criança seja protagonista de sua aprendizagem pelo processo de saber e saber fazer. O convite está em que a criança possa:

> Participar ativamente, com adultos e outras crianças, tanto do planejamento da gestão da escola e das atividades propostas pelo educador quanto da realização das atividades da vida cotidiana, tais como a escolha das brincadeiras, dos materiais e dos ambientes, desenvolvendo diferentes linguagens e elaborando conhecimentos, decidindo e se posicionando (BRASIL, 2018, p. 32).

As ações de explorar e expressar sintonizam com a ação de participar nas atividades, em que mais uma vez a base traz à tona o que deveria ser a essência do trabalho educativo com crianças de até 5 anos, bem como a compreensão da própria especificidade educativa que este nível de ensino exige. Diante da BNCC, há a necessidade de que a criança possa:

> Explorar movimentos, gestos, sons, formas, texturas, cores, palavras, emoções, transformações, relacionamentos, histórias, objetos, elementos da natureza, na escola e fora dela, ampliando seus saberes sobre a cultura, em suas diversas modalidades: as artes, a escrita, a ciência e a tecnologia. Expressar, como sujeito dialógico, criativo e sensível, suas necessidades, emoções, sentimentos, dúvidas, hipóteses, descobertas, opiniões, questionamentos, por meio de diferentes linguagens (BRASIL, 2018, p. 38).

E, diante de todo esse contexto de direito, há o direcionamento para que a criança possa "conhecer e construir sua identidade pessoal, social e cultural, constituindo uma imagem positiva de si e de seus grupos de pertencimento, nas diversas experiências de cuidados, interações, brincadeiras e linguagens vivenciadas na instituição escolar e em seu contexto familiar e comunitário" (BRASIL, 2018, p. 38).

Por conseguinte, em relação aos direitos apresentados é radioso que já estão na especificidade do trabalho pedagógico que, de certa forma, fora envolvido por vastas lutas e buscas em relação às mudanças no que se refere às concepções de criança, infância, Educação Infantil, formação de professores etc. Diante disso, a organização do cotidiano educativo com as crianças deve priorizar o processo de aprendizagem e desenvolvimento humano à luz de uma proposta educativa regida pelas concepções claras sobre o trabalho pedagógico, a rotina, o tempo e as interações.

A partir disso, o professor tem condições de desenvolver uma proposta que priorize a emancipação da criança por meio da curiosa descoberta do conhecimento, ampliando possibilidades para que tanto a criança quanto o professor experienciem a aventura fascinante pelo desconhecido e, quem sabe, possam até mesmo se molhar com a chuva da descoberta do saber compartilhado por meio do corpo, dos gestos e dos movimentos, em sintonia com a valorização da infância.

Uma das possibilidades para tal conquista compartilhada entre professores e crianças está em brincar como sendo uma linguagem privilegiada. A ação lúdica é uma área priorizada na Educação Infantil e está envolvida por objetos lúdicos como brinquedos, jogos, histórias infantis, músicas, danças e desenhos, e isso apoia a aquisição e a organização de experiências da criança no mundo e ao redor dela.

Pais, parentes, professores, políticos, ou seja, todos nós somos responsáveis por educar e por cuidar das crianças, e precisamos apoiar a ação lúdica em casa, na escola e nos diferentes espaços de convivência para que elas constituam e desenvolvam experiências a partir da descoberta do corpo delas como primeira possibilidade lúdica e brincante.

No caso das instituições infantis, é essencial favorecer um ambiente físico e social em que as crianças se sintam protegidas e acolhidas e, ao mesmo tempo, seguras para se arriscarem no processo de enfrentamento e maravilhamento dos desafios das interações e das brincadeiras.

Daí a necessidade de o professor organizar a movimentação e a exploração do corpo, com atividades envolvendo ricas experiências, como o circuito, utilizando materiais comuns, de modo que os pequenos possam vencer obstáculos. No caso dos bebês, podemos incentivá-los a engatinhar entre os móveis e os objetos da sala de atividades do berçário. Assim, quanto mais rico e desafiador for esse ambiente, mais ele lhes possibilitará a ampliação de conhecimentos acerca de si mesmos, dos outros e do meio em que vivem.

O desafio posto está no favorecimento, pelos professores, de condições educativas e pedagógicas para as crianças viverem as etapas do desenvolvimento físico e motor de maneira significativa e envolvida em aprendizagens e em conquistas. A ação lúdica é desafiadora, pois exige organizar o cotidiano com as crianças, projetando e realizando feitos que contribuam para uma amplitude do processo de aprendizagem e de desenvolvimento infantil.

Nesse empreendimento, as crianças carecem de espelhar os medos e as inseguranças delas e as leituras que elas fazem sobre o mundo, bem como as impressões e as hipóteses que elas têm sobre ele. Além disso, elas precisam ter acesso aos espaços diversificados na Educação Infantil para conhecerem para perguntar, para elaborarem ideias e hipóteses, para estabelecerem relações e para aprenderem de maneira real e significativa por meio dos gestos e dos movimentos. Do parque de areia, com os balanços construídos nas grandes árvores, até as salas de aula, todas as organizações expressam como vemos, percebemos e pensamos ser a criança e a aprendizagem dela.

A proposta se engaja na oferta de situações educativas em que a criança possa criar, com o corpo, formas diversificadas de expressão de sentimentos, sensações e emoções, tanto nas situações do cotidiano como em brincadeiras, danças, teatro e música.

É importante, também, que a criança desenvolva o controle e adequação do uso do corpo em brincadeiras e em jogos, bem como na contação de histórias e nas atividades artísticas, além de criar movimentos, gestos, olhares e mímicas em brincadeiras, adotando hábitos de autocuidado relacionados à higiene, à alimentação, ao conforto e à imagem de si mesma, de modo a coordenar as suas habilidades manuais no atendimento adequado aos interesses e às suas necessidades em situações diversas.

Campos de experiências e aprendizagens essenciais: o papel mediador docente

> [...] Carrinho, jogos, bonecas,
> Montar um jogo de armar,
> Amarelinha, petecas,
> E uma corda de pular.
> Ruth Rocha

A BNCC (BRASIL, 2017) propõe uma nova organização curricular e coloca a criança como centro do processo educativo por meio do estabelecimento dos cinco campos de experiência para a Educação Infantil, a saber: **Eu, o outro e o nós; Corpo, gestos e movimentos; Traços, sons, cores e formas; Escuta, fala, pensamento e imaginação; Espaço, tempo, quantidades, relações e transformações.** Para compreender melhor esses campos de experiência, vale considerar o que seja o conceito de experiência.

> [...] um arranjo curricular adequado à educação da criança de 0 a 5 anos e 11 meses, quando certas experiências, por ela vivenciadas, promovem a apropriação de conhecimentos relevantes. [...] os campos de experiências acolhem as situações e as experiências concretas da vida cotidiana das crianças e seus saberes, entrelaçando-os aos conhecimentos que fazem parte de nosso patrimônio cultural (BRASIL, 2017, p. 64).

Diante disso, pode-se afirmar que a experiência é o que se pode abstrair a partir de um conjunto de vivências estabelecidas no cotidiano da Educação Infantil. O saber da experiência tem a ver com a elaboração do sentido ou do sem-sentido do que acontecem a vivências. A experiência pode ser individual ou coletiva, mas

> O saber da experiência é um saber particular, subjetivo, relativo, contingente, pessoal. Se a experiência não é o que acontece, mas o que nos acontece, duas pessoas, ainda que enfrentem o mesmo acontecimento, não fa-

zem a mesma experiência. O acontecimento é comum, mas a experiência é para cada qual sua, singular e de alguma maneira impossível de ser repetida. O saber da experiência é um saber que não pode separar-se do indivíduo concreto em quem encarna. Não está, como o conhecimento científico, fora de nós, mas somente tem sentido no modo como configura uma personalidade, um caráter, uma sensibilidade ou, em definitivo, uma forma humana singular de estar no mundo, que é por sua vez uma ética (um modo de conduzir-se) e uma estética (um estilo) (BONDÍA, 2002, p. 21).

A partir desta compreensão é crucial que o professor da infância proponha experiências que tenham sentido, relação com os objetivos de aprendizagem de cada nível das crianças e as formas de planejamento desenvolvidas. Ainda, nesse processo, o professor precisa revestir-se de uma compreensão digna do que efetivamente a criança precisa aprender para se desenvolver integralmente (OLIVEIRA, 2011).

Nesse sentido, os campos de experiência para a Educação Infantil indicam quais são as experiências fundamentais para que a criança aprenda e se desenvolva, envolvendo saberes relacionados às noções, habilidades, atitudes, valores e afetos que as crianças devem desenvolver desde meses até os 5 anos por meio da garantia dos direitos de aprendizagem já preconizados no documento normativo denominado de BNCC.

Sobre os campos de experiência é oportuno afirmar que não há uma ordem de prioridade entre eles, visto que são complementares e interligados e devem estar equilibrados em seu valor de desenvolvimento no planejamento dos professores, propiciando os direitos de aprendizagem aos bebês, às crianças bem pequenas e às crianças pequenas. Conforme a BNCC, são cinco os campos de experiências. Nesse sentido, apresentamos "O eu, o outro e o nós", que, segundo o documento, busca desenvolver a importância das interações sociais na Educação Infantil por meio da relação entre crianças e adultos e crianças e crianças.

A partir da "interação com os pares e com adultos que as crianças vão constituindo um modo próprio de agir, sentir e pensar e vão descobrindo que existem outros modos de vida, pessoas diferentes, com outros pontos de vista" (BRASIL, 2017, p. 38). Nesse processo de vivências e experiências a criança vai construindo percepções e questionamentos sobre si e sobre os outros à sua volta e, consequentemente, identificando-se como ser individual e social.

Ao relacionar estes dados com o processo de aprendizagem da criança, deve-se pautar no entendimento docente de que desde o nascimento a criança aprende e se desenvolve por meio de interações com outras pessoas mais experientes, podendo ser adultos ou outras crianças. Segundo a BNCC, "ao mesmo tempo em que participam de relações sociais e de cuidados pessoais, as crianças constroem sua autonomia e senso de autocuidado, de reciprocidade e de interdependência com o meio" (BRASIL, 2017, p. 38). Por sua vez, na Educação Infantil, é preciso criar oportunidades para que as crianças entrem em contato com outros grupos sociais e culturais, outros modos de vida, diferentes atitudes, técnicas e rituais de cuidados pessoais e do grupo, costumes, celebrações e narrativas, a fim de que haja a ampliação do modo de percepção de si e do mundo a sua volta, com mais criticidade, criatividade e autonomia.

De fato, por meio do campo supracitado, há a possibilidade de a criança desenvolver sua humanidade, por meio das relações sociais e do florescimento de sua identidade, personalidade e capacidade autocrítica de percepção do mundo à sua volta, bem como o próprio conceito de sujeito social e de cidadania.

Diante disso, a Educação Infantil tem um papel fundamental enquanto universo potencializador desta educação humanizadora intensificando o desenvolvimento integral da criança em todos os aspectos da sua vida humana: afetivo, social, físico, cognitivo, psicomotor. Assim, o ambiente infantil precisa ser envolvido por experiências enriquecedoras e potencializadoras de novas interações em diferentes contextos sociais e grupos de crianças, conhecendo seus modos de vida, costumes e manifestações da vida cotidiana.

Em um olhar interdisciplinar e de continuidade, a base revela a importância de a criança aprender por meio da experiência relacionada ao "Corpo, gestos e movimentos" enquanto potência expressiva e de comunicação que auxilia o agir no mundo desde a pequena infância. Esse agir deve ser para além do que tem se instituído na sociedade atual, marcada por uma mente que não dorme e um corpo infantil fitado à tela. Há uma grande manifestação em defesa das crianças viverem experiências diferentes do que apenas ficarem a maior parte do seu tempo frente às telas em jogos virtuais, aplicativos lúdicos, clipe musical e outras formas tecnológicas de comunicação e entretenimento.

De acordo com a base, o corpo infantil envolvido por sentimentos, ação e pensamento precisa viver experiências que agucem a curiosidade por meio dos sentidos, dos gestos, dos movimentos, sejam eles impulsivos ou intencionais, coordenados ou espontâneos; ou seja, as crianças precisam conhecer o mundo por meio da participação e exploração dele, do espaço e dos objetos do seu entorno, estabelecendo relações e expressões diversas e, ainda, que possam por meio do agir brincante sobre o mundo ao seu redor produzir conhecimentos e aprendizagens.

A BNCC revela que:

> [...] Por meio das diferentes linguagens, como a música, a dança, o teatro, as brincadeiras expressam o entrelaçamento entre corpo, emoção e linguagem. As crianças conhecem e reconhecem as sensações e funções de seu corpo e, com seus gestos e movimentos, identificam suas potencialidades e seus limites, desenvolvendo, ao mesmo tempo, a consciência sobre o que é seguro e o que pode ser um risco à sua integridade física (BRASIL, 2017, p. 39).

De maneira enriquecedora, a Educação Infantil precisa desenvolver um trabalho pedagógico que garanta a centralidade do corpo infantil por meio da ação protagonista da criança nas diversas situações de aprendizagem, ou seja, ao invés do adulto, no caso o professor, realizar a ação pela criança, ela precisa participar das práticas pedagógicas na Educação Infantil envolvidas pelo cuidado físico e também nas atividades de aprendizagem por meio das diferentes linguagens como a música, a arte, a literatura, a brincadeira, a modelagem e outras vivências lúdicas.

Nesse sentido,

> [...] a instituição escolar precisa promover oportunidades ricas para que as crianças possam, sempre animadas pelo espírito lúdico e na interação com seus pares, explorar e vivenciar um amplo repertório de movi-

> mentos, gestos, olhares, sons e mímicas com o corpo, para descobrir variados modos de ocupação e uso do espaço com o corpo (tais como sentar com apoio, rastejar, engatinhar, escorregar, caminhar apoiando-se em berços, mesas e cordas, saltar, escalar, equilibrar-se, correr, dar cambalhotas, alongar-se etc.) (BRASIL, 2017, p. 39).

Nesse processo de experiência esse corpo infantil precisa também desenvolver sua sensibilidade estética por meio dos "Traços, sons, cores e formas" que constitui o terceiro campo de experiência e que se articula ao ambiente em que as crianças vão, paulatinamente, descobrindo e atribuindo significados. São vivências diversas com materiais naturais ou produzidos em ambientes com estímulos visuais e sonoros que promovem expressividade e criatividade. Conforme a BNCC, este campo busca possibilitar à criança:

> Conviver com diferentes manifestações artísticas, culturais e científicas, locais e universais, no cotidiano da instituição escolar, possibilita às crianças, por meio de experiências diversificadas, vivenciar diversas formas de expressão e linguagens, como as artes visuais (pintura, modelagem, colagem, fotografia etc.), a música, o teatro, a dança e o audiovisual, entre outras. Com base nessas experiências, elas se expressam por várias linguagens, criando suas próprias produções

artísticas ou culturais, exercitando a autoria (coletiva e individual) com sons, traços, gestos, danças, mímicas, encenações, canções, desenhos, modelagens, manipulação de diversos materiais e de recursos tecnológicos [...] (BRASIL, 2017, p. 39).

A partir desse conjunto de experiências estéticas as crianças desde muito pequenas vão desenvolvendo sua sensibilidade, criatividade e criticidade ao se depararem com diversas situações criativas e potencializadoras de imaginação, do belo, do sensível e da fantasia. Assim, a Educação Infantil precisa envolver as crianças em seus planejamentos de trabalho, em situações lúdicas e de maravilhamento estético, a fim de que elas possam participar, criar, produzir, manifestar sua criatividade, apreciar artisticamente, de modo a favorecer seu desenvolvimento sensível e expressivo diante do universo a sua volta.

Nesse processo de sensibilidade no mundo há a necessidade de que a criança seja envolvida pela "Escuta, fala, pensamento e imaginação" que estão relacionadas à linguagem que se efetiva nas diferentes práticas sociais. É por meio das múltiplas linguagens, tomadas de forma contextualizada, que a criança amplia suas possibilidades de se comunicar e conhecer o mundo. Esse campo envolve experiências e vivências com a produção e a compreensão das diversas linguagens em diferentes contextos e suportes, considerando a relação entre elas e o pensamento.

Nesse segmento, as crianças, desde que nascem, participam de situações comunicativas cotidianas com as pessoas com as quais interagem e progressivamente vão ampliando e enriquecendo sua linguagem comunicativa, seu vocabulário e demais formas de expressão, compreensão e apropriação da linguagem materna que, segundo a base, "se torna, pouco a pouco, seu veículo privilegiado de interação" (BRASIL, 2017, p. 40).

A partir desta compreensão, é fato que na Educação Infantil haja a promoção de experiências nas quais as crianças possam falar e ouvir, potencializando sua participação na cultura oral, pois é na escuta de histórias, na participação em conversas, nas descrições, nas narrativas elaboradas individualmente ou em grupo e nas implicações com as múltiplas linguagens que a criança se constitui ativamente como sujeito singular e pertencente a um grupo social (BRASIL, 2017).

Diante disso, na Educação Infantil é necessário que se envolva a criança no universo da poesia, literatura, prosa, fábulas, contos populares e outras formas de expressão, comunicação e enriquecimento da fantasia e imaginação, visto que na escola da infância é necessário que haja a imersão na cultura falada e escrita de maneira lúdica e participativa pela criança, uma vez que desta forma ela vai construindo sua concepção de língua escrita, reconhecendo diferentes usos sociais da escrita, dos gêneros, suportes e portadores.

Portanto,

> [...] Na Educação Infantil, a imersão na cultura escrita deve partir do que as crianças conhecem e das curiosidades que deixam transparecer. As experiências com a literatura infantil, propostas pelo educador, mediador entre os textos e as crianças, contribuem para o desenvolvimento do gosto pela leitura, do estímulo à imaginação e da ampliação do conhecimento de mundo. Além disso, o contato com histórias, contos, fábulas, poemas, cordéis etc. propicia a familiaridade com livros, com diferentes gêneros literários, a diferenciação entre ilustrações e escrita, a aprendizagem da direção da escrita e as formas corretas de manipulação de livros. Nesse convívio com textos escritos as crianças vão construindo hipóteses sobre a escrita que se revelam, inicialmente, em rabiscos e garatujas e, à medida que vão conhecendo letras, em escritas espontâneas, não convencionais, mas já indicativas da compreensão da escrita como sistema de representação da língua (BRASIL, 2017, p. 40).

E, não menos importante, a Educação Infantil precisa, ainda, envolver as crianças na descoberta sobre os "Espaços, tempos, quantidades, relações, transformações" que estão relacionados à construção do raciocínio lógico em que as crianças estão, desde seu nascimento, inseridas em espaços e tempos de diferentes dimensões, em um mundo constituído de fenômenos naturais e socioculturais.

Segundo a BNCC, as crianças desde pequenas são inclinadas a procurar se situar em diferentes espaços como rua, bairro, cidade e em tempo como dia e noite, hoje, ontem e amanhã, demonstrando curiosidade sobre o mundo físico, social e cultural, natural, ou seja, sobre o que envolve seu universo infantil. Além disso, nessas experiências, as crianças se deparam com um mundo matemático marcado pela contagem, ordenação, relações entre quantidades, números, dimensões, medidas etc. que, assim como em outros campos de experiências, aguçam sua curiosidade e desejo pela descoberta.

Diante disso, a base deixa explícito o papel da Educação Infantil ao afirmar que:

> [...] precisa promover experiências nas quais as crianças possam fazer observações, manipular objetos, investigar e explorar seu entorno, levantar hipóteses e consultar fontes de informação para buscar respostas às suas curiosidades e indagações. Assim, a instituição escolar está criando oportunidades para que as crianças ampliem seus conhecimentos do mundo físico e sociocultural e possam utilizá-los em seu cotidiano (BRASIL, 2017, p. 40).

Para tanto, os professores precisam planejar atividades que permitam à criança o desafio da descoberta e que o próprio cuidar não seja algo mecânico. A criança precisa ter tempo e espaço para se expressar e o professor tem que estar aberto para acompanhar as reações dela, que serão sempre únicas e pessoais. Em outras palavras, é importante que as práticas do professor estejam diretamente comprometidas com as necessidades e os interesses da criança, para que a vivência se transforme em uma experiência e tenha, de fato, um propósito educativo. Para Saito e Oliveira (2018, p.10):

> Ao professor da infância cabe a responsabilidade de se assumir um profissional fundamentado nas intenções claras e objetivas do ensino, com formação sólida e coerente com as necessidades da criança como sujeito em processo de formação e aprendizagem. Para tanto, as ações devem ser exprimidas com intencionalidades objetivadas em planejamentos educativos, tendo em vista o ensino, a mediação, a aprendizagem e o desenvolvimento da criança da Educação Infantil.

Nessa direção, enfatiza-se a relevância do papel do professor como aquele que planeja, possibilita instrumentos e mediações, acreditando no potencial infantil, por meio de ações de ensino, diversificação de estratégias metodológicas e avaliativas e, ainda, que possa ressignificar suas ações em busca de novas descobertas e novos direcionamentos no que tange ao trabalho educativo com as crianças de até 5 anos de idade.

Assim, cabe aos professores da infância planejar atividades variadas, disponibilizando os espaços e os materiais necessários, de forma a sugerir diferentes possibilidades de expressão, de brincadeiras, de aprendizagens, de explorações, de conhecimentos, de interações. A observação e a escuta são importantes para sugerir novas atividades a serem propostas, assim como ajustes no planejamento e troca de experiências na equipe.

No planejamento de uma atividade ou de um conjunto de atividades, os campos de experiência devem ser pensados de maneira integrada, ou seja, objetivos de diferentes campos de experiência podem estar presentes em uma mesma proposta. Nesse sentido, é possível garantir a todas as crianças tempo para explorar as proposições que a professora faz e entender que elas precisam repetir essa mesma proposição outras vezes, de modo a não só apropriar-se de determinadas ações, mas também elaborar um sentido para a experiência vivida. Ainda, abandonar a ideia de crianças como seres frágeis e incompetentes e da infância como período de passividade, dependência ou debilidade. Para tanto, o exercício docente consiste em rejeitar toda postura pedagógica (incluindo as instruções, os materiais didáticos, as histórias) de rigidez e inflexibilidade, sem atentar para a forma como as crianças reagem ao que lhe é proposto. Enfim, o processo pedagógico não deve ser permeado por metas impostas à criança, tampouco negligenciar o significado que o processo tem na experiência infantil.

De maneira planejada e por meio de sequência didática é que tem se desenvolvido os saberes e conhecimentos na Educação Infantil em sintonia com os objetivos de desenvolvimento. Nesse sentido, por meio do preenchimento semanal da sequência didática, os professores podem trabalhar temáticas que vêm de situações cotidianas da vida da criança na Educação Infantil ou fora dela. Nesse tipo de planejamento, o "tema" é o desencadeador ou gerador de atividades propostas às crianças, uma vez que busca articular as diversas atividades desenvolvidas no cotidiano educativo, funcionando como uma espécie de eixo condutor do trabalho.

No trabalho organizado com base em "temas ou contextos" pode-se visualizar a preocupação com o interesse da criança, colocando-se em foco suas necessidades e perguntas; no caso, podendo ser escolhidos pelo professor, sugeridos pelas crianças ou surgidos de situações particulares e significativas vivenciadas pelo grupo, indicando o trabalho a ser desenvolvido. A delimitação do "tema ou contexto" seria o primeiro procedimento a ser tomado para, em seguida, prever que atividades podem ser desenvolvidas com base nesse mundo da descoberta. Nesse sentido, busca-se:

• Garantir espaços e tempos para participação, o diálogo e a escuta cotidiana das famílias, o respeito e a valorização das diferentes formas em que elas se organizam.

• Trabalhar com os saberes que as crianças vão construindo ao mesmo tempo em que se garante a apropriação ou construção por elas de novos conhecimentos.

• Considerar a brincadeira como a atividade fundamental nessa fase do desenvolvimento e criar condições para que as crianças brinquem diariamente.

• Propiciar experiências promotoras de aprendizagem e consequente desenvolvimento das crianças em uma frequência regular.

• Selecionar aprendizagens a serem promovidas com as crianças, não as restringindo a tópicos tradicionalmente valorizados pelos professores, mas ampliando-as na direção do aprendizado delas para assumir o cuidado pessoal, fazer amigos e conhecer suas próprias preferências e características.

• Organizar os espaços, tempos, materiais e as interações nas atividades realizadas para que as crianças possam expressar sua imaginação nos gestos, no corpo, na oralidade e/ou na língua de sinais, no faz-de-conta, no desenho, na dança, e em suas primeiras tentativas de escrita.

- Considerar, no planejamento do currículo, as especificidades e os interesses singulares e coletivos dos bebês e das crianças das demais faixas etárias, vendo a criança em cada momento como uma pessoa inteira na qual os aspectos motores, afetivos, cognitivos e linguísticos integram-se, embora em permanente mudança.
- Abolir todos os procedimentos que não reconheçam a atividade criadora e o protagonismo da criança pequena e que promovem atividades mecânicas e não significativas para as crianças.
- Oferecer oportunidade para que a criança, no processo de elaborar sentidos pessoais, se aproprie de elementos significativos de sua cultura não como verdades absolutas, mas como elaborações dinâmicas e provisórias.
- Criar condições para que as crianças participem de diversas formas de agrupamento (grupos de mesma idade e grupos de diferentes idades), formados com base em critérios estritamente pedagógicos, respeitando o desenvolvimento físico, social e linguístico de cada criança.
- Possibilitar oportunidades para a criança fazer deslocamentos e movimentos amplos nos espaços internos e externos às salas de referência das turmas e à instituição, e para envolver-se em exploração e brincadeiras.
- Oferecer objetos e materiais diversificados às crianças, que contemplem as particulari-

dades dos bebês e das crianças maiores, as condições específicas das crianças com deficiência, transtornos globais do desenvolvimento e altas habilidades/superdotação, e as diversidades sociais, culturais, étnico-raciais e linguísticas das crianças, famílias e comunidade regional.

• Organizar oportunidades para as crianças brincarem em pátios, quintais, praças, bosques, jardins, praias, e viverem experiências de semear, plantar e colher os frutos da terra, permitindo-lhes construir uma relação de identidade, reverência e respeito para com a natureza.

• Possibilitar o acesso das crianças a espaços culturais diversificados e a práticas culturais da comunidade, tais como apresentações musicais, teatrais, fotográficas e plásticas, e visitas a bibliotecas, brinquedotecas, museus, monumentos, equipamentos públicos, parques, jardins (BRASIL, 2018).

Diante disso, é importante mencionar que o planejamento por meio de sequência didática precisa priorizar os direitos de aprendizagem, campos de experiência e as interações e brincadeiras. Ainda precisa ser organizado em sintonia com a rotina da Educação Infantil e com a própria organização dos espaços educativos. As atividades que envolvem a vida da criança na escola da infância precisam considerar ações relacionadas: acolhimento e despedida; atividades de livre-escolha; momentos de grandes grupos; momentos de pequenos grupos; momentos na área externa; rotinas de cuidado e diferentes contextos de aprendizagem, como atividades dirigidas pelo professor, festividades e encontros com as famílias, roda de conversa e hora da história (BRASIL, 2017). Para isso, os ambientes e os materiais devem estar dispostos de forma que as crianças possam fazer escolhas, desenvolvendo atividades individualmente, em pequenos grupos ou em um grupo maior. Os professores devem atuar de maneira a incentivar essa busca pela autonomia, sem deixar de estar atentas para interagir e apoiar as crianças nesse processo.

3 Tempo de reciclar, criar e brincar na infância: uma estratégia lúdica e educativa

> *Vou brincar de passa anel*
> *Vou brincar de esconde-esconde*
> *Vou brincar de professor*
> *O João já sabe onde [...].*
> Marta Chaves, 2022.

Na infância, brincar é, seguramente, uma das maneiras mais eficazes para o pleno desenvolvimento da criança. Enquanto brinca, a criança fala, pensa, se movimenta, entra em conflito, soluciona problemas, elabora sentidos para o mundo, para as coisas, para as relações. Brincar é, na verdade, uma atividade fascinante e envolve aprendizagem e desenvolvimento infantil. Quando observada nos seres humanos, a brincadeira comove, intriga e diverte, quer pelo mistério que sugere, quer pelas lembranças infantis que suscitam no observador e pela surpresa que oferece, fazendo rir.

A brincadeira é vista como o meio que a criança possui para se comunicar com o mundo, vivenciar suas emoções, interagir com outras crianças e adultos, melhorar seu desempenho físico-motor, nível linguístico e formação moral. No entanto, atualmente alguns fatores vêm dificultando a livre-brincadeira da criança, impedindo-a, assim, de se desenvolver de forma espontânea. Entre esses fatores encontramos: a falta de espaço, de companhia e de tempo, a desvalorização do brinquedo e do brincar e a situação socioeconômica.

Com relação ao espaço, podemos afirmar que o planejamento urbano transformou quase tudo em concreto. As praças existentes tornaram-se violentas, as casas perderam os quintais para os minúsculos apartamentos. As mães, que antes participavam das brincadeiras dos filhos, hoje, na grande maioria, trabalham fora de casa, não tendo muito tempo para brincar.

A questão econômica é outro fator que limita as crianças, uma vez que muitas precisam trocar suas horas de lazer e atividades lúdicas pelo trabalho, no intuito de ajudar no orçamento da casa. Há também crianças que são tolhidas do seu direito de brincar devido à sobrecarga de atividades que realizam (inglês, balé, natação, computação e outros), onde a brincadeira é muitas vezes substituída por outras atividades como passeios, TV, jogos eletrônicos e computador.

Diante de tal cenário, um novo cotidiano vem se configurando, marcado pelo isolamento e distanciamento do "lugar infantil". A criança que antes brincava ao ar livre, quer seja no ambiente da "escola" e da "casa", passou a brincar em espaços restritos, vinculados ao mundo tecnológico e demarcado pelo espaço-casa, espaço-família. Por conseguinte, as infâncias ficaram confinadas, assim como os corpos, as experiências, as essências, as relações, o toque e as trocas (NASCIMENTO, 2020).

Considerando o exposto, o objetivo deste capítulo é produzir uma reflexão acerca do brincar e educar nos tempos atuais, assim como abordar sobre a importância do reaproveitamento de materiais recicláveis, tendo como propósito a criação e confecção de brinquedos e jogos como uma estratégia lúdica, e sobretudo educativa na infância, em detrimento ao grande consumo e uso de brinquedos industrializados e/ou tecnológicos.

Reciclar, brincar e educar em uma sociedade de consumo

> *Veja bem, são oito horas*
> *É hora de acordar*
> *Muito bem, está na hora*
> *É hora de brincar!*
>
> *[...] Veja bem, são que horas?*
> *É hora de sonhar*
> *É hora de sonhar e levantar!*
> Marta Chaves, 2020.

Atualmente vivemos rodeados por bens de consumo, instigados a comprar e colecionar objetos. Nesse processo, impulsionados por uma sociedade de consumo, comprar e adquirir bens se transformou em uma compulsão, a qual vem sendo estimulada pelas forças do mercado, da moda e da propaganda, revelando uma criança consumidora em potencial.

Em decorrência desse novo tempo social marcado pelo consumismo infantil, ter ou não ter aquela boneca da moda, comprar ou não comprar a última geração do *videogame* vem se tornando algo essencial para algumas crianças, as quais se sentem avaliadas e julgadas por aquilo que possuem, sendo, em alguns casos, fator determinante para a participação ou não do ato de brincar e para o desenvolvimento, ou não, do sentimento de pertencimento a um grupo social. Ora, o brinquedo, no quintal da indústria do brincar, torna-se referência de posição social, cultural e econômica da criança.

Sendo assim, pelo brinquedo, a criança é formada para o consumo, aprende que os seus desejos podem ser satisfeitos com a compra de objetos materiais. Nesse contexto, os indivíduos passam a ser reconhecidos por aquilo que possuem e consomem, vestem ou calçam; grande lição do capitalismo triunfante, outra produção contemporânea das pequenas alegrias cotidianas. (BROUGÉRE, 2004). Sobre isso, Oliveira (2020) considera que os olhares das crianças e seus modos de agir vão sendo adequados a essa nova demanda da vida moderna.

A autora acrescenta:
> Um dos fenômenos se dá pela digitalização da cultura à luz das novas tecnologias de comunicação e informação que, substancialmente, são dirigidas às crianças de diversas formas: filmes, livros infantis, desenhos animados, jogos de computador ou *games*, salas de bate-papo (os chats), sites de histórias infantis, canal no YouTube *kids*, brinquedos tecnológicos, celulares, tablets, smartphone, entre outros aparatos. Com efeito, o tempo atual potencializa uma criança tecnológica e consumidora em sentido amplo, que expressa um mundo instrumental e técnico. As crianças, em sua maioria, manuseiam um tablet com habilidade, sendo que esta absorção individual do mundo social se espalha para outras ferramentas tecnológicas (OLIVEIRA, 2020, p. 220).

A esse respeito, Benjamin (2002) afirma que nossas crianças são produto da sociedade em que elas vivem, e o brinquedo, dependendo da forma como é apresentado à criança, pode potencializar um processo de expropriação da experiência do brincar em detrimento da domesticação da criança pela mercadoria, ou seja, pelo simples desejo de ter. Há uma evidente força da superficialidade em detrimento às necessidades humanas; ou seja, desde a mais tenra idade, a criança é incentivada a ser colecionadora de brinquedo e não efetivamente a desenvolver a experiência do brincar por meio do brinquedo.

Sobre isso, é fato considerar que "o mundo encantado do brincar tecnológico tem desencadeado diferentes olhares para esse objeto, ampliando o tempo infantil frente ao mundo das telas e expropriando da criança outras formas de viver e se relacionar no mundo" (OLIVEIRA, 2020, p. 226). Essa permanência em longo período em frente às telas (computador, notebook, tablet, smartphone, jogos eletrônicos) acaba sendo prioridade neste tempo do consumo, principalmente por conta dos apelativos visuais e a rapidez na obtenção de respostas, o que difere de outras formas de jogos e situações lúdicas que as crianças vivenciam no seu cotidiano.

Visto sob esse prisma e perante este universo de brinquedos e possibilidades de brincar, a criança só pode ser proprietária e nunca criadora; ela não inventa o mundo, utiliza-o, sem a necessidade de imaginar. O prazer em criar, inventar, descobrir, construir foi substituído pelo prazer de posse do brinquedo, incluindo o brinquedo virtual, o que aumenta o poder de posse e do imediatismo de seus desejos. E tão logo o brinquedo pare de funcionar, ele "morre" ou é deixado de lado.

De acordo com Estigarribia (2018), se por um lado as tecnologias digitais possibilitam acesso aos mais variados recursos lúdicos e de desenvolvimento à criança, por outro a têm privado do convívio social e da capacidade de imaginação. Segundo o autor, o brincar é muito importante para a formação psíquica das crianças, dado que é através dos brinquedos manuais e o contato com outras crianças que ela desenvolve a capacidade de reinventar, imaginar, encenar, construir novas relações sociais, desenvolver sua subjetividade, elaborar angústias, medos e frustrações.

A esse respeito, Deslandes e Coutinho (2020) destacam que, embora a tecnologia seja um recurso importante para manter os laços sociais e afetivos das crianças, estes, quando utilizados em excesso e sem a supervisão do adulto, podem levar a uma maior vulnerabilidade, exposição e a diversas violências.

Lewandosvski (2015) argumenta a esse respeito que os brinquedos tecnológicos ou industrializados alteram a criatividade da criança, pois não lhes permitem, majoritariamente, "manipulá-los, explorá-los, criar e imaginar. As instruções e regras já vêm prontas: cabe à criança apenas executar as ações e não experimentar diferentes situações". De tal modo, o brinquedo "passa a ocupar o lugar de sujeito da brincadeira e a criança torna-se objeto passivo/estático" (LEWANDOSVSKI, 2015, p. 27).

Como consequência desse processo nos deparamos com a expropriação da experiência lúdica, visto que a criança não precisa mais imaginar ou agir. Os brinquedos funcionam quase automaticamente. Instaura-se um novo gesto: apertar um botão e observar, permanecendo muitas vezes imóvel. A criança passa a ser expectadora do brincar, visto que sua interferência nem sempre é permitida.

Em síntese, a brincadeira passa a ser uma brincadeira sem a participação do corpo ou o silenciamento dele, e não somente pela exigência de a criança ficar sem movimentar-se, mas sobretudo pelas características das brincadeiras ou jogos que a colocam em um mundo diferente daquele no qual ela vive e pensa. As descobertas, na maioria das vezes, partem do abstrato através de palavras, imagens, símbolos, desvinculados de experiências sensoriais concretas.

No entanto, a brincadeira tem um sentido mais amplo do que isto; ela é, seguramente, uma das maneiras mais eficazes para o pleno desenvolvimento da criança, quer seja para que ela adquira valores e habilidades psicomotoras, exerça experiências criativas e simbólicas, desenvolva sua afetividade, capacidade e potencialidade intelectual, quer seja como experiências culturais e sociais quando em contato com outras crianças. Enquanto brinca, a criança fala, pensa, se movimenta, entra em conflito, soluciona problemas, elabora sentidos para o mundo, para as coisas, para as relações.

Partindo desses pressupostos, é importante compreender que a infância se constitui na fase em que o mundo se torna um convite à exploração e à elaboração do conhecimento, mediadas pela atividade do ser humano, sobretudo em seu brincar, e que, nesse estágio específico, ultrapassa a mera manipulação de objetos. Contudo, questionamos: como preservar o lado mágico do brinquedo e do brincar, assim como o fascínio pelas descobertas? Responder a esta pergunta não é uma tarefa fácil, atualmente.

Independentemente das respostas que possamos encontrar, as pesquisas são unânimes em enfatizar os benefícios da ludicidade, do comportamento lúdico, visto que possibilita o desenvolvimento e a excitação mental, desenvolve a memória, atenção, observação, raciocínio, criatividade e favorece a desinibição. De forma natural, reforça o prazer de jogar, anima, estimula e dá confiança à criança, proporcionando contentamento e orgulho.

Cabe ressaltar que os brinquedos e brincadeiras nos fascinam e até mesmo nos remetem à esfera de lembranças, sensações e emoções engavetadas em um canto esquecido da nossa memória. Algumas lembranças resgatam memórias de um tempo em que fazíamos barquinhos de papel para flutuar na água, soltávamos pipas coloridas que se perdiam no céu, confeccionávamos brinquedos utilizando argila retirada de um riacho perto de casa, cabos de vassoura se transformavam em cavalos, sabugos de milho eram utilizados como bonecas e garrafas plásticas eram transformadas em bilboquês.

Quem não se lembra da sensação de entrar em pequenos espaços, cabanas improvisadas onde tudo se transformava? Tudo era possível, dado que a imaginação imperava. Nesse sentido, Emerique (2002) argumenta que ao brincar a criança realiza a mesma atividade de um cientista fazendo experiências em um laboratório. Ou seja, a curiosidade, a descoberta, as experimentações e o ato de criar caracterizam essas duas ações humanas. Esse desejo de descoberta presente nos seres humanos, essa busca pelo novo só existe porque somos seres históricos e inacabados, e assim vivemos nos fazendo e refazendo na busca de algo mais.

Benjamin (2002) acrescenta a esse respeito que a memória do brincar, hoje apagada pelo grande consumo de brinquedos industrializados, pode ser resgatada através de novas vias narrativas que operam a aproximação da criança a seus pares e à cultura. É através de sua transmissão que o brincar pode manter seu lugar de enlace entre a criança e seu mundo.

Segundo o autor, a travessia pelos brinquedos pode ser feita com arte; eles são elaborados com as mãos das crianças e dos adultos que as cercam. O brincar, no que lhe concerne, pode ser tecido por histórias e por primitivas formas de brincar e que paradoxalmente hoje são subtraídas das crianças: a água, a terra, a areia, as folhas, as pedras, o papel, e tantos outros materiais que se encontram no espaço externo das escolas e casas.

Esses objetos propiciam à criança o contato, a construção e a desconstrução; encontrados nos mais insólitos lugares, produzem mais prazer à criança do que os brinquedos plastificados. É comum observarmos que, quando uma criança pequena recebe de presente um brinquedo, muitas vezes ela se interessa mais pela caixa do que pelo próprio brinquedo (BENJAMIM, 2002).

Diferente do brinquedo industrializado, o brinquedo confeccionado com material reciclável pode ser uma opção viável para o desenvolvimento da autonomia das crianças. Trata-se de uma arte que aproveita o "lixo" de uma sociedade de consumo, onde os jogos e brinquedos são confeccionados de forma artesanal e criativa, por meio da junção de materiais variados e do processo de transformação e de reaproveitamento, onde tudo se renova a cada brincadeira, se transforma, ganha vida, com novos formatos e funções.

Vale ressaltar que, antes mesmo de ser utilizado para a confecção de jogos, o material reciclado constitui-se como elemento rico para o aprendizado, uma vez que propicia o desenvolvimento de habilidades como: classificação, seriação, análise, quantificação e organização dos materiais (em função de origens, tipos, texturas, cores, formas, tamanhos).

O material reciclado também se caracteriza pela flexibilidade: nada é rígido, tudo pode ser adaptado, permitindo que a criança exercite a resolução de problemas e o raciocínio hipotético, mesmo quando ainda não é capaz de perceber que realiza tais atividades de pensamento. Sendo assim, o simples manuseio dos materiais estimula a percepção tátil, percepção visual, acuidade auditiva, organização, coordenação motora, linguagem oral e expressão corporal.

Sendo assim, quando se pensa numa proposta de ensino que utiliza os jogos e brinquedos confeccionados com material reciclável, numa perspectiva lúdica e educativa, é preciso fomentar situações em que os pequenos possam se divertir por meio do brincar construído, espontâneo, mediado por situações, envolvendo o respeito às diversas formas de cultura e regras sociais.

Entretanto, para que os jogos e brinquedos façam parte integrante do projeto pedagógico da Educação Infantil, é essencial que o educador planeje, organize e execute ações concretas, visando tornar as atividades mais prazerosas, alimentando o desejo da criança por conhecer, experienciar ou criar novos brinquedos, ou formas de brincar.

Cabe também destacar que a proposição do uso de jogos confeccionados com materiais recicláveis propicia a oportunidade para que as crianças aprendam sobre educação ambiental, estimula a coleta seletiva e possibilita à criança se conscientizar sobre a importância de participar, desde pequena, da preservação do meio ambiente, além de ser um grande potencializador das máximas qualidades humanas.

Dessa forma, relacionar a ludicidade com a educação ambiental pode ser considerado um grande desafio, especialmente no que se refere à ausência de conscientização e preservação do meio ambiente em virtude da produção excessiva de lixo no planeta, principalmente em tempos de pandemia e pós-pandemia.

Atualmente o lixo urbano apresenta-se como mais um dos grandes problemas ambientais do planeta, ao lado da questão do aquecimento global, da escassez dos recursos hídricos, do desflorestamento, dentre outros. Entre os impactos ambientais negativos que podem ser originados a partir do lixo urbano produzido estão os efeitos decorrentes da prática de disposição inadequada de resíduos sólidos como o plástico, em fundos de vale, às margens de ruas ou cursos d'água. Essas práticas habituais podem provocar, entre outras coisas, contaminação do solo, assoreamento, enchentes, proliferação de vetores transmissores de doenças, tais como cães, gatos, ratos, baratas, moscas, vermes, entre outros. Outro aspecto a ser considerado diz respeito à poluição visual, mau cheiro e contaminação do ambiente (MUCELIN; BELLINI, 2008).

Neste seguimento, a reciclagem torna-se uma estratégia consciente de devolver à natureza o que lhe foi tirado. Através de ações criativas e lúdicas é possível reinventar e brincar pelas trilhas da reciclagem.

Ora, se compete à "coletividade o dever de defender e preservar o ambiente ecologicamente equilibrado", é papel da escola promover espaço para a discussão e conscientização dos educadores e dos aprendizes, cabendo esse trabalho também à Educação Infantil.

Os tempos atuais retratam uma sociedade que clama pela preservação e utilização consciente do meio ambiente e de seus recursos, bem como pelo desenvolvimento da afetividade nas relações interpessoais. Assim, segundo as Diretrizes Curriculares Nacionais Gerais da Educação Básica (2013), a educação ambiental é um componente essencial e permanente da educação nacional, devendo estar presente, de forma articulada, em todos os níveis e modalidades do processo educativo, em caráter formal e não formal. As diretrizes também dispõem que a educação ambiental seja uma prática educativa integrada, contínua e permanente em todos os níveis e modalidades do ensino formal, não devendo ser implantada como disciplina específica.

No entanto, para que esta prática seja implementada é preciso que o educador, em primeiro lugar, amplie sua aprendizagem por meio de situações teóricas e práticas, exigindo o desenvolvimento de uma atuação reflexiva competente, promovendo a conexão entre a formação inicial, a continuada e as experiências vividas entre pares.

No que concerne especificamente ao emprego do material reciclável na confecção dos jogos, é necessário que o educador faça uma pesquisa sobre o uso de materiais como latas, embalagens, tampas, garrafas plásticas, retalhos de tecidos, caixas de papelão de diversos tamanhos etc., possibilitando assim múltiplas combinações e, ao mesmo tempo, tenha conhecimento sobre a decomposição de materiais na natureza e coleta seletiva.

Uma vez coletados, higienizados, separados, organizados e classificados, os materiais devem ser guardados em caixas, com a devida identificação. Vale ressaltar que não é necessário reservar grandes espaços para o armazenamento dos materiais. Por se tratar de itens de fácil acesso, eles podem ser adquiridos por intermédio de campanhas na escola ou comunidade. Posteriormente providenciam-se materiais acessórios, tais como tintas, fitas, colas, jornais, revistas, pincéis, com os quais será possível confeccionar e adornar os jogos ou brinquedos.

Mesmo antes de confeccionar os jogos ou brinquedos com os materiais recicláveis é possível, por meio da mediação do educador, criar situações que possibilitem às crianças: a) quantificar os objetos; b) compará-los, considerando a forma, cor, tamanhos; c) criar formas diversas (ex.: castelo, flor, estrela); d) formar conjuntos; e) encontrar pares; f) organizar por ordem crescente e decrescente de tamanhos; g) associar numerais às quantidades, h) assim como brincar de forma livre e espontânea, pelo simples prazer de criar, inventar, descobrir e construir.

Na etapa seguinte, tendo-se o material e os acessórios como fitas, botões, é possível mediar o trabalho em várias direções, quer seja partindo de uma ideia concebida e adaptada aos materiais disponíveis ou criando novos brinquedos por meio da associação de uma forma a outra.

Confeccionar brinquedos ou jogos fazendo uso de material reciclável requer, além do conhecimento sobre a durabilidade, textura e resistência do material, um olhar atento, capaz de identificar novas formas de utilizá-lo ou mesmo transformá-lo em algo novo. Para tanto, reciclar, brincar e aprender são ações que devem caminhar juntas, respeitando a liberdade da criança e proporcionando novos espaços e oportunidades para que possam pensar criativamente sobre esse material e transformá-lo; caso contrário, ele se tornará limitado, ou ainda pior, um modelo a ser seguido, uma fórmula.

Para que o trabalho aconteça a contento é preciso que o educador desenvolva uma ação intencional, planejando ações educativas voltadas à compreensão crítica acerca da educação lúdica e ambiental, principalmente, no que tange ao processo de mediação do conhecimento historicamente acumulado, em prol da transformação do pensamento da criança, acerca do meio ambiente (SCARDUA, 2009). Dessa forma, o educador deve selecionar temas de uma forma criativa e o jogo confeccionado pode mediar esse processo, pois permite que, simultaneamente, a criança conheça o mundo e cuide dele de uma forma lúdica e consciente.

Vale também ressaltar que, além de abarcar a educação ambiental como um dos temas contemporâneos da BNCC (Base Nacional Comum Curricular) a ser incorporado aos currículos e às propostas pedagógicas das instituições infantis, o uso dos jogos e brinquedos confeccionados com materiais recicláveis também possibilita às crianças experiências fundamentais para que elas aprendam e se desenvolvam por meio de interações e brincadeiras, conforme preconiza a BNCC e os campos de experiência.

Parte II

Jogos e brinquedos confeccionados com materiais recicláveis

4 Brincar é aprender e aprender é brincar: da confecção do jogo e brinquedo ao brincar

> Quando as crianças brincam
> E eu as ouço brincar,
> Qualquer coisa em minha alma
> Começa a se alegrar.
>
> E toda aquela infância
> Que não tive me vem,
> Numa onda de alegria
> Que não foi de ninguém.
>
> Se quem fui é enigma,
> E quem serei visão,
> Quem sou ao menos sinta
> Isto no coração.
> Fernando Pessoa

O poeta Fernando Pessoa nos convida a rememorar o gosto gostoso da brincadeira criativa, leve e espontânea da criança. Para isso, é preciso engajar-se dessa afirmativa no campo teórico-metodológico e, principalmente, nos fazeres docentes, de maneira que a criança possa ter uma aprendizagem que seja desafiadora, complexa no saber, mas que seja principalmente leve na sua relação e no seu agir na escola, no mundo e na vida.

Diante disso, o riso, a alegria, a descontração e a espontaneidade podem ser elementos basilares na educação lúdica, como maneira única de vivenciar um momento de aprendizagem envolvido pela descoberta e pelo espetáculo da aprendizagem por meio do brincar. Para que isso aconteça a BNCC elucida a necessidade da feitura de um planejamento escolar e de ensino que promova tais conquistas e que envolva as crianças em contextos de aprendizagem a partir dos saberes necessários à luz da organização curricular da escola e dos direitos de aprendizagem e desenvolvimento que precisam ser garantidos na Educação Infantil.

Há uma urgente necessidade de transpormos esse discurso lúdico em busca do sentido real daquilo que pode ser desenvolvido efetivamente nas crianças por meio desta prática brincante. O desafio emergencial está em criar novos sentidos nas relações adulto-crianças e crianças-crianças em prol da experimentação, da busca por conhecer, ver o mundo e todos os artefatos à sua volta e, principalmente, de garantir à criança a oportunidade de aprender com dignidade e qualidade.

Como exemplo para essa discussão, esta parte da obra objetiva contribuir com o trabalho docente por meio da apresentação de jogos e brinquedos que podem ser confeccionados por meio de materiais recicláveis e que, de certa forma, revela a potência lúdica na aprendizagem e desenvolvimento infantil. Por meio destas sugestões práticas e lúdicas é possível que os professores, pais e crianças tenham maior proximidade com o verdadeiro sentido do brincar, que ultrapassa culturas, etnias, crenças, valores, sendo efetivamente uma forma de a criança brincar e desenvolver a ação lúdica sobre o brinquedo e o jogo que brinca.

Se acreditarmos, portanto, que as crianças precisam realmente de lugar e tempo para brincarem, aprenderem, interagirem e serem felizes, precisamos, então, rever nossos conceitos e concepções sobre o brincar e sobre o sujeito que brinca. Para isso, é indispensável dirigir uma ação docente acolhedora e comprometida com a criança em diversos níveis de ensino, sendo imperativo também o respeito pelas suas especificidades nas relações pedagógicas cotidianas. De modo geral, o brincar é, sem dúvida, um meio pelo qual os seres humanos e os animais exploram uma variedade de experiência em diferentes situações e para diversas intencionalidades. As propostas pedagógicas da escola precisam fomentar ações em que as crianças possam brincar, cantar, criar, pular, descobrir, agir, sentir, expressar, participar, interagir, construir etc.

Só há um caminho para tudo isso: por meio do planejamento e mediação docente, a partir da promoção da escuta ativa sobre as necessidades da turma e da criança e, então, a criação de situações para que as crianças possam interagir entre elas e aprender significativamente e, por que não, confeccionar seus próprios jogos e brinquedos, e brincar.

Criar, jogar e brincar: sugestões práticas e lúdicas

Para melhor conduzir o trabalho pedagógico docente com as crianças, apresentamos cinco tipos de jogos e brinquedos que podem ser confeccionados com e para as crianças a partir de materiais recicláveis, com o intuito de potencializar as interações e brincadeiras na prática pedagógica em consonância com os direitos de aprendizagem e campos de experiência já tratados na Parte I desta obra. Além da escolha do jogo, dos materiais necessários, da forma de confeccionar e brincar e do que pode ser explorado de conhecimento com as crianças, é fundamental que o professor da infância tenha clara a importância desta prática na Educação Infantil, validando os jogos, brinquedos e brincadeiras como fontes impulsionadoras e promotoras do saber elaborado e do desenvolvimento integral da criança.

Para além dos jogos e brinquedos confeccionados, a Educação Infantil precisa se transformar cotidianamente em um espaço agradável, alegre, fortalecedor da interatividade, do diálogo aberto e da troca de experiências. Para o alcance do maior objetivo, que é brincar e aprender, uma das expressões evidentes desta intencionalidade é permitir que o jogo, o brinquedo e a brincadeira sejam atividades de excelência na educação das crianças, visto que toda a criança gosta e necessita humanamente do brincar para aprender e se desenvolver.

Planejar ações pedagógicas e práticas a partir das atividades lúdicas com as crianças na Educação Infantil conduz os professores e os profissionais educacionais da infância a pensar em mudanças significativas para o trabalho que vem sendo desenvolvido nos espaços infantis, já que remete à compreensão de que este lugar precisa ser interativo, lúdico, brincante e humanizador. Assim, acreditando que o brincar pode constituir-se como eixo norteador da prática educativa na Educação Infantil, apresentamos os jogos e brinquedos e esperamos que os professores possam efetivamente levar para o interior da escola infantil esta prática com os seus pequenos.

Considerando o exposto, apresentaremos a seguir os jogos educativos, criados ou adaptados pelas autoras a partir da reutilização do material reciclável. O objetivo desta proposta é possibilitar aos educadores subsídios para a prática com crianças que frequentam a Educação Infantil.

Visando à compreensão na leitura e clareza na confecção e utilização dos jogos, definimos a estrutura de apresentação de cada jogo da seguinte forma:

- Nome do jogo: para que ele seja identificado facilmente.

- Foto do jogo: para que o leitor possa visualizar o jogo na sua versão final.

- Objetivo do jogo: possibilitar ao leitor o entendimento do objetivo do jogo e sua possível aplicação lúdico-educativa.

- Campos de experiência: exemplificar como o jogo pode ser explorado, considerando um dos cinco campos de experiência. Vale ressaltar que, embora esteja especificado apenas um dos campos de experiência, sua possibilidade de aplicação lúdico-educativa se estende aos demais campos de experiência.

- Faixa etária: especificar a idade mais apropriada para o uso do jogo, levando em consideração o grau de sua complexidade.

- Número de participantes: determinar o número de sujeitos para o qual o jogo foi elaborado, embora se possa diminuir ou aumentar o número de participantes tomando o cuidado de rever o material para a confecção e, eventualmente, as regras propostas.

- Componentes do jogo: relacionar os componentes imprescindíveis do jogo.

- Material: relacionar a quantidade e o material necessário para a confecção dos jogos.

- Confecção: explicar a confecção do jogo em etapas.

- Regras do jogo: apresentar e explicar as regras do jogo. Elas podem ser alteradas conforme a população com a qual se está trabalhando, deixando o jogo mais interessante, atrativo, complexo ou mesmo simplificado.

- Análise do jogo: apresentar as possibilidades de exploração do jogo no campo de experiência especificado.

- Sugestões de outros jogos ou atividades: expor outros jogos e brincadeiras no campo de experiência especificado.

Ao final do livro incluímos anexos como imagens e cartelas de jogos, visando exemplificar como o educador pode confeccionar alguns dos materiais que compõem os jogos.

Finalizamos este capítulo ressaltando a importância de uma atitude firme e comprometida por parte do educador com a execução dessa proposta. Para tanto, é necessário que os olhares para as experiências lúdicas e espontâneas em que a criança é protagonista do brincar sejam valorizadas, potencializando assim suas descobertas e conquistas em todas as áreas do desenvolvimento e aprendizagem.

4.1 Mire na história[1]

Objetivo: acertar as argolas nos alvos, criar e dar sequência à história a partir das figuras/imagens.

Campos de experiências:

- Corpo, gestos e movimentos.
- Escuta, fala, pensamento e imaginação.
- Espaços, tempos, quantidades, relações e transformações.
- O eu, o outro e o nós.

Faixa etária: a partir dos 3 anos.

Número de participantes: acima de dois.

---
1. Participação da coautora Thaís Ribeiro Novaes.

Componentes do jogo:
- Argolas.
- Sacola surpresa.
- Garrafas pet de 2 litros.

Materiais:
- 20 garrafas pet de 2 litros.
- Tesoura.
- Durex largo e/ou papel-contact.
- Aproximadamente 45 imagens que representem a diversidade cultural e social, retiradas de revistas, livros, jornais, panfletos ou qualquer outro tipo de material que possa ser recortado, ou então os desenhos podem ser registrados pelas crianças.
- Aproximadamente 6 caixas de leite.
- Cola.
- 2 folhas de jornais, tampas redondas grandes ou mangueira.
- Água (colocar dentro das garrafinhas para deixá-las pesadas).
- Caneta de retroprojetor (ou qualquer outro tipo de caneta que apareça na tampa da garrafinha).

Confecção:
1) Recortar em revistas, livros e jornais aproximadamente 45 imagens conhecidas pelas crianças,

representando a diversidade cultural e social, objetos, animais, paisagens, meios de transporte etc.

Observação: Os desenhos podem ser registrados pelas próprias crianças.

2) Colocar 20 garrafas pet no chão de modo espaçado e colocar água dentro delas.

3) Colocar 20 imagens fora das garrafas pet e fixar com durex largo ou papel-contact.

4) Recortar as caixas de leite com as seguintes medidas: 8,75cm x 9,30cm.

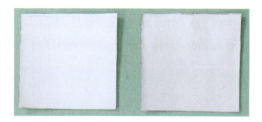

5) Colar as 25 imagens em cada recorte da caixa de leite (cartões), deixando a parte cinza sem imagens.

6) Colocar alguns cartões (aproximadamente 15) no chão espaçados entre as garrafas.

Observação: não utilizar todos os cartões no chão. Aproximadamente 10 deles deverão ficar dentro da sacola surpresa.

Argolas:

1) Fazer as argolas com jornais enrolados, com tampas redondas grandes de qualquer material reciclável que encontrar em sua casa ou então utilizar um pequeno pedaço de mangueira.

Sacola surpresa:

1) Utilizar qualquer tipo de sacola, saco de lixo escuro, papel de presente ou, então, confeccionar uma sacola utilizando um pedaço de TNT de 45cm x 40cm e colar as laterais com cola quente, deixando apenas uma abertura.

Observação: é importante que a sacola seja confeccionada de forma que a criança não possa visualizar o que tem dentro.

Regras:

Modo 1

- Em fila, cada jogador terá uma chance de jogar as argolas na direção das garrafas e acertar as figuras (sejam elas o alvo das garrafas ou não).
- O primeiro jogador (educador) deverá iniciar uma história incluindo nela a figura que acertou; os outros jogadores (crianças) darão continuidade a ela de acordo com as jogadas.
- Caso algum jogador não acerte o tabuleiro, ele deverá retirar uma imagem da sacola surpresa nas mãos do

professor e dar sequência à história inserindo a figura representada.

Modo 2: Jogo das argolas

• Substituir as imagens por formas geométricas (quadrado, triângulo, círculo e retângulo) e/ou números (de 1 a 4).

• Todas as formas geométricas e/ou números estarão representados por um grupo de imagens que estarão viradas sobre a mesa. Por exemplo: a forma quadrada (ou o número 1) representa as figuras dos animais que estarão viradas na mesa; o triângulo (ou o número 2) representa as paisagens; o quadrado (ou número 3) representa os meios de transporte; os círculos (ou número 4) representam as pessoas etc.

• Quando o jogador acertar alguma forma geométrica e/ou número, ele deve ir até a mesa no grupo correspondente à forma geométrica ou número acertado, e escolher e virar alguma imagem daquele grupo.

• Em seguida, dará início ou continuidade à história, inserindo a figura (condizente com o símbolo – forma e/ou número – que acertou) representada.

Modo 3: Jogo da memória

• Inserir números na parte debaixo das garrafas, sendo que duas delas deverão estar com números iguais.

- Embaralhá-las no chão.
- Cada participante deverá virar um par de garrafas e memorizar a posição.
- Se formarem um par, o participante que acertou ficará com as garrafas. Caso contrário, elas serão viradas novamente.
- Ganha a partida quem acertar o maior número de pares formados.

Modo 4: Quem é?

- Colocar fotos dos participantes nas embalagens, a letra inicial na tampa e o primeiro nome na parte inferior das garrafas.
- Formar pequenos grupos (máximo 4 participantes) e entregar para cada grupo uma quantidade de garrafinhas com as tampas trocadas.
- Cada grupo deverá associar as tampas com a foto e o nome correspondente de cada um.
- Ganha o jogo o grupo que terminar primeiro.
- Outra sugestão: fazer uma roda com todos os participantes e o educador apresentar garrafa por garrafa com foto, letra inicial e primeiro nome, e as crianças poderão ir se apresentando dizendo onde moram, com quem, o que gostam de fazer, comer etc.

Modo 5: Jogo das cores

- Colocar água colorida (cores primárias e secundárias) em cada garrafa.

- Entregar as garrafas para cada uma das crianças de modo que elas identifiquem e nomeiem cada cor.

- O professor exemplifica para que as crianças entendam que misturando as cores (ex.: amarelo e azul) surgirá uma outra cor (ex.: verde), realizando assim, junto com as crianças, o processo de construção e combinação das cores primárias para chegar à cor secundária.

Modo 6: Jogo dos sons

- Colocar pedrinhas, areia, feijão, arroz, palitinhos, em uma e/ou duas garrafas.

- Vestir uma meia na garrafa e a criança tentará acertar qual objeto é.

- Verificar a combinação dos sons.

Modo 7: Jogo das emoções

- Colar figuras de sentimentos (tristeza, raiva, medo, ciúmes, alegria, amor, surpresa) nas garrafas.

- Todas as crianças ficarão sentadas, formando um círculo. Cada uma receberá uma garrafa e deverá posicioná-la, de modo que a figura com a expressão de sentimentos seja vista apenas por ela.

- A criança deverá expressar o sentimento, conforme identificado na garrafa – todos devem tentar adivinhar a emoção selecionada.
- Após a primeira criança executar a tarefa ela deverá passar a vez ao jogador ao lado. Ele deve fazer a mesma coisa, e assim sucessivamente, até que todos tenham jogado.

Modo 8: Vamos nos cuidar?
- Selecionar figuras de cuidado e higiene pessoal (pente, mãos lavadas, pasta de dente, banho, álcool em gel etc.) e colar nas garrafas.
- Em círculo cada criança deve pegar uma das garrafas, imitar os movimentos e estabelecer uma sequência lógica de rotina (o que faz na parte da manhã, tarde e noite?, p. ex.).
- Após a primeira criança executar a atividade, a que está ao seu lado deve fazer a situação descrita na garrafa que pegou, e assim sucessivamente.

"Eu, o outro e o nós": a criança e o jogo "Mire na história"

Segundo a Base Nacional Comum Curricular – BNCC (BRASIL, 2018), o campo de experiência "O eu, o outro e o nós" tem como foco possibilitar às crianças vivências de formas mais afetivas, cooperativas e democráticas de se relacionarem com o outro. Sendo assim, a criança deve vivenciar experiências e práticas sociais em que se perceba como "eu", considerando seus pares como o "outro" e a ter conhecimento da existência de um "nós", como grupo com características próprias, diversas e amplas que inclui culturas e lugares com pessoas, hábitos e costumes diferentes dos seus.

Percepção esta necessária para a construção de um cuidado pessoal elaborado culturalmente e da preservação do próprio ambiente, com uma identidade peculiar e subjetiva, de maior autonomia e com respeito em relação aos sentimentos e ideias do outro, do grupo e dos modos de vida das culturas. Nesse sentido, na Educação Infantil é fundamental que a criança entre em contato com diversos grupos sociais e culturais, conheçam modos de vida, costumes e expressões culturais diversificadas, com foco na sua formação a partir do social (BRASIL, 2018).

Diante disso, o jogo "Mire na história" consiste em acertar as argolas nos alvos, criar e dar sequência à história a partir de imagens e figuras diversas. Observa-se que desde a confecção ao ato de brincar o jogo possibilita à criança o conhecimento, o reconhecimento, a manifestação das diversas vivências culturais e a participação das crianças nas atividades, respeitando a individualidade, a coletividade e a diversidade social. Além do mais, o jogo possui sete variações, sendo elas:

(a) Jogo das argolas; (b) Jogo da memória; (c) Quem é? (d) Jogo das cores; (e) Jogo dos sons; (f) Jogo das emoções; (g) Vamos nos cuidar?

a) Jogo das argolas: consiste num jogo cooperativo, no qual todas as crianças participam, assumem papéis e criam enredos com os colegas, independente de acertarem ou não o alvo, além de fundamentar-se num conhecimento prévio das figuras (formas geométricas, animais, objetos, paisagens, meios de transportes etc.) conforme suas próprias vivências.

b) Jogo da memória e dos sons: trabalha a ideia de perseverança frente aos desafios, realiza escolhas e oferece a oportunidade de esperar a vez da jogada quando está realizando a atividade em grupo.

c) Jogo quem é?: permite a representação do próprio nome, bem como a observação e o seu relato, das características dos colegas através de fotos e imagens, valoriza as próprias características e as das outras crianças enquanto pertencentes a um grupo social.

d) Jogo das cores: oferece a oportunidade de solicitar ajuda quando a criança está com dificuldade e permite que o mesmo possa auxiliar o colega quando este necessita, além de permitir a participação em situações de interação de modo solidário e colaborativo; nesse sentido, as crianças participam ativamente, compartilhando experiências que podem auxiliar no desenvolvimento individual e social.

e) Jogo das emoções: permite relatar, expressar e reconhecer diferentes emoções e sentimentos em si mesmo e nos outros e, por fim, o último jogo descrito: "Vamos nos cuidar?" propõe o conhecimento e cuidado com o próprio corpo e o aprendizado e organização da própria rotina.

Outras sugestões de jogos e brincadeiras relacionados ao campo de experiência

• **Brincadeiras de faz-de-conta ou de papéis sociais**: para trabalhar negociações e tolerâncias, exercer papéis e funções sociais. Ou ainda negociar imposições e possibilidades para brincar de motorista, cozinheiro, cuidador e outros papéis sociais desempenhados pelas crianças, independente do gênero.

• **Perguntas e respostas**: para incentivar os diversos modos de agir, sentir e pensar, no sentido de construir uma percepção de si e do outro.

• **Brincadeiras a partir de desafios**: que possibilitem à criança pensar enquanto grupo, na melhor solução ou planejamento de um evento.

- **Brincadeiras interativas**: que apresentem regras básicas de convívio social nas interações, como, por exemplo, palavras mágicas (por favor, obrigado, bom dia, boa tarde, boa noite etc.).
- **Exploração e percepção visual**: explorar fotografias para falar de situações pessoais e ser ouvido por todos. Desenvolver uma roda de conversa para conhecer melhor as crianças. Apresentar figuras/personagens para que as crianças se reconheçam ou não.
- **Jogo de aquisições**: pesquisar em casa com a família as tradições familiares, de modo a conhecer a identidade cultural.
- **Jogo de construção e criação**: produzir junto com os familiares *panôs* (artesanato de origem africana com vários retalhos, de tamanhos e cores diversas, reunidos para representar a diversidade).
- **Jogo da diversidade**: produção de um "álbum da diversidade", com desenhos e colagens de fotos e gravuras com pessoas de todas as raças e gêneros. Ainda, construir uma árvore genealógica com a família para valorizar a individualidade e a identidade familiar de cada um.
- **Jogo das sensações**: experimentar o toque no cabelo de outra criança e a representação das sensações com massinhas.

- **Jogo das diferentes culturas**: pesquisar e experimentar alimentos de diversas culturas. Conhecer música e instrumentos musicais de diferentes origens. Pesquisar e desenvolver brincadeiras e jogos de outras épocas e culturas.

- **Brincar e fantasiar**: ouvir, contar e criar histórias (para valorizar a identidade das crianças). Vestir fantasias e/ou experimentar ser outra pessoa ou personagem das histórias que lhe foram contadas.

- **Esperar a sua vez**: cantar, respeitando a sua vez e a dos demais.

- **Jogo das vivências**: atividades de culinária, manipulação de argila, realização e manutenção de uma horta, construção de sucata, pintura e cartaz, por exemplo.

4.2 Corrida das cores[2]

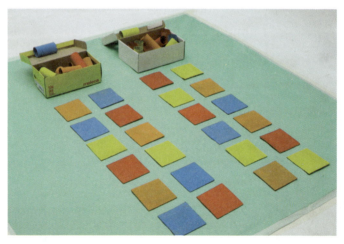

---
2. Participação das coautoras Egláine Ferreira da Costa Poliquesi e Paula Schwengber Welter.

Objetivo: encontrar o rolinho da cor correspondente para preencher rapidamente sua fileira de quadrados.

Campos de experiência:
- Corpo, gestos e movimentos.
- Traços, sons, cores e formas.
- O eu, o outro e o nós.
- Espaços, tempos, quantidades, relações e transformações.

Faixa etária: a partir dos 3 anos.

Números de participantes: a partir de 2 anos; pode ser jogado em equipe na forma cooperativa ou competitiva.

Componentes:
- 24 rolinhos.
- 24 peças quadradas.
- 1 caixa de papelão.

Materiais:
- Papelão de tamanho suficiente para ser recortado em 24 quadrados de 10cm x 10cm.
- 24 rolinhos de papel higiênico.

- Tinta.
- Pincel.
- Tesoura.
- 2 caixas.

Confecção

Peças quadradas

1) Recortar no papelão 24 quadrados de 10cm x 10cm.

2) Pintar com tinta guache os 24 quadrados, formando 4 grupos de cores diferentes com 6 quadrados, tal como o exemplo abaixo.

Rolinhos

1) Pintar com tinta os 24 rolinhos de papel das mesmas cores utilizadas nas peças quadradas de papelão.

 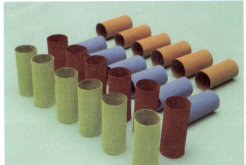

Regras:

Modo 1

• O jogo deve contar com 2 participantes.

• No chão faça duas fileiras com 12 peças de quadrados coloridos, ficando 3 peças de cada cor para cada fileira. (Recomenda-se um espaço mínimo de 30cm entre uma peça e outra.)

• Misturar os 24 rolinhos em uma caixa.

• Para jogar, cada criança primeiramente deverá se posicionar atrás da caixa com os rolinhos misturados. Quando alguém (professor ou outra criança) disser "já", os dois participantes deverão pegar um rolinho por vez e colocar em cima do quadrado com a cor correspondente.

• Ganha a criança que preencher a sua fileira primeiro e corretamente.

Modo 2

• Pode-se optar pelo jogo em equipe, com no mínimo 2 participantes em cada grupo. Quando alguém disser "*Já!*", o primeiro da fila pegará o rolinho na caixa e deverá colocá-lo em cima do quadrado com a cor correspondente, voltará correndo e tocará na mão do próximo da fila, que deve fazer o mesmo, e assim sucessivamente.

• Ganha a equipe que preencher a sua fileira primeiro e corretamente.

Modo 3

• Também é possível jogar com todas as crianças de uma sala, formando 2 equipes com no máximo 12 integrantes.

• Eles deverão formar uma fila atrás da caixa com os rolinhos misturados.

• Um de cada vez deverá pegar o rolinho da caixa, encaixá-lo na peça com a cor correspondente; em seguida voltar correndo, bater na mão do próximo da fila da sua equipe e voltar para o final da fila; este próximo deverá, após o toque de mão, pegar outro rolinho e encaixá-lo na peça com a cor correspondente, voltar e tocar na mão do próximo da fila, voltar para o final da fila, e assim sucessivamente.

• Vence a equipe que preencher sua fileira de peças corretamente e mais rápido.

Modo 4: Percurso das cores

- Organizar os rolinhos em duas fileiras formando um corredor de rolinhos com cores correspondentes de cada lado, no qual em cada parte a criança deve realizar uma ação, que será indicada pela cor dos rolinhos naquela parte do trajeto e auxiliada pelo educador mediador que irá descrever a ação para as crianças.

- Exemplo: iniciar rolando um dos rolinhos com o pé até chegar à próxima etapa; quando estiver passando pelo trajeto de rolinhos azuis, deve correr; ao chegar na fileira de rolinhos rosa, deve pular; quando estiver entre os rolinhos verdes, andar reto colocando um pé na frente do outro (desenhar uma linha no chão para facilitar) passando pelos rolinhos roxos; precisará pular imitando um sapo, realizando todas as tarefas estipuladas pelo professor mediador, até receber um prêmio ao final do percurso.

- Utilizando esta variação é possível trabalhar a coordenação motora global, ampliar a consciência corporal, aumentar sua noção espacial, coordenação visomotora, e através dos desafios oferecidos pelo percurso as crianças realizarão os movimentos com mais eficácia, confiança e autonomia.

Modo 5: A placa mandou

- Em um dos lados da placa de papelão desenhar ações que as crianças precisam imitar.

• Exemplo: pular com um pé só ou com os dois pés, dançar, abraçar um colega, correr, colocar a mão na barriga/cabeça, levantar a mão com a qual escreve/desenha, sentar-se, apertar a mão do colega, ficar em um pé só etc.

• Por meio dessa variação as crianças poderão ampliar sua consciência corporal por meio de imitação do movimento e identificação das partes do próprio corpo, desenvolvendo também a coordenação motora global, equilíbrio e a lateralidade, utilizando esta sem incluir a noção de esquerda e direita, uma vez que nesta faixa etária as crianças ainda não se apropriaram destes conceitos.

Modo 6: Imite o animal

• Cada cor corresponde a uma ação, e a criança deverá pegar o rolinho e encaixá-lo em cima da peça com a cor correspondente enquanto executa esta ação.

• Exemplo: azul = macaco; amarelo = cachorro; vermelho = gato; verde = leão etc.

• Nesta variação, além da corporeidade a criança aprende com o professor mediador e seus pares a conhecer e significar o mundo através de gestos, movimentos e expressões.

Corpo, gestos e movimentos: a criança e o jogo "Corrida das cores"

Um dos cinco campos de experiência proposto pela Base Nacional Comum Curricular (2018) é o "Corpo, gestos e movimento", o qual apresenta um aspecto do desenvolvimento voltado às experiências que envolvem o corpo e seus desdobramentos. Através do corpo é possível que as crianças explorem o mundo por meio dos sentidos, estabeleçam relações, compreendam o espaço e objetos e expressem-se, brinquem e produzam conhecimentos. A BNCC discute ainda as diferentes expressões deste campo que envolvem o corpo, emoções e linguagem, tais como a música, dança, teatro, brincadeiras de faz-de-conta, experiências que possibilitam o desenvolvimento, pois permitem que as crianças entendam e reconheçam as sensações e funções de seu corpo, identificando também suas potencialidades e limites, aprendendo a identificar o que coloca ou não em risco a sua integridade física. De acordo com o Ministério da Educação (2018), este campo de experiência constitui uma linguagem adquirida desde bebê, que envolve o tato, gestos, posturas, manipulação de objetos, que ocorre a partir das primeiras relações com o outro e com o mundo, identificando e atribuindo significado a ele e a si mesmas.

Tendo em vista a importância do campo de experiência "Corpo, gestos e movimento" para o desenvolvimento infantil, deve-se pensar nas formas de realizá-lo e incluí-lo nas atividades curriculares da Educação Infantil. Sendo assim, o jogo "Corrida das cores" se propõe a trabalhar a motricidade infantil desde a confecção até sua execução, que no caso é a brincadeira. Vale ressaltar que na etapa de confecção a criança pode aprimorar a coordenação motora fina e visomotora ao recortar o papelão sobre os traços feitos pelo(a) educador(a), ou realizar a pintura das placas utilizando as mãos, sem o auxílio de pincéis, experimentando assim novas sensações e texturas.

Durante a organização da brincadeira é possível posicionar as placas em um local ao ar livre, utilizando para tanto a sua organização espacial. No desenvolvimento do jogo, ele pode ser realizado de forma cooperativa ou competitiva, na qual a criança ao correr, pegar o objeto, introduzi-lo na caixa correspondente, bater na mão do próximo colega, indicando a sua vez, desenvolve sua coordenação motora global, assim como aprende a se orientar espacialmente, apropriando-se das noções de frente, atrás, dentro, fora. Vale ressaltar que, nas variações existentes, outros aspectos do desenvolvimento psicomotor podem se tornar foco neste jogo, tais como equilíbrio, coordenação visomotora e consciência corporal.

Outras sugestões de jogos e brincadeiras relacionados ao campo de experiência

- **Sombras múltiplas**: projetar as sombras em uma parede e explorar diferentes posições nomeando as partes do corpo.

- **Olho com olho, orelha com orelha**: marcham com uma música, livres, e ao sinal combinado devem estabelecer contato com o outro utilizando uma parte do corpo – mãos, costas, joelho, e assim por diante.
- **O que será?**: identificar no colega coberto com um lençol as partes do corpo a partir do toque.
- **Caixa de acessórios**: disponibilizar para as crianças diferentes acessórios – luvas, óculos, chapéus etc. – para se fantasiarem e depois se verem no espelho.
- **Zoológico da turma**: todos imitam animais, e depois animais diferentes andando, com sons etc.
- **Robô**: as crianças serão divididas em duplas: uma vai ser o robô e a outra vai ser o guia. As crianças receberão a instrução de guiar um robô pela cidade. Porém, ele só fará o que você mandar. Para que ele ande, você deve encostar na perna dele. Para ele parar, deve encostar, novamente, na perna que o fez andar. Para ele virar para o lado, você deve colocar sua mão no braço que está no lado que você quer que ele vire. Para ele abaixar você deve encostar no topo da cabeça da máquina. Para ele levantar você deve encostar em seu pé (essas coordenadas podem ser combinadas com as crianças). Algum tempo depois invertem-se os papéis, sendo que o guia vira robô, e o robô vira guia.

- **Jogo das partes do corpo**: as crianças devem identificar as partes do corpo do colega. Elas serão orientadas a andar pela sala. Quando o professor falar uma parte do corpo, a criança deve procurar um colega e encostar a parte do corpo que foi falada no lugar correspondente no corpo do colega. Por exemplo, se a palavra falada foi "mão", as duplas juntarão as mãos. Assim que o professor liberar, as crianças voltam a andar até ouvirem outra parte do corpo.

- **Relaxando meu corpo**: pedir às crianças para se deitarem no chão, de barriga para cima. Colocar uma música de fundo, porém em volume baixo, para favorecer o ambiente de relaxamento. Informar às crianças que cada vez que o professor mencionar uma parte do corpo deverão amolecê-la como se fosse uma boneca de pano. Iniciar a brincadeira pelos dedos dos pés até chegar à cabeça, sem esquecer nenhuma parte do corpo. Esta atividade deve ser realizada com os olhos fechados.

- **Reproduzir diversas posições**: no papel, por meio de sombras chinesas etc.

- **Bambolê**: movimentar o bambolê em algumas partes do corpo, sem deixá-lo cair.

- **Atividades recreativas**: saltar sobre colchonetes; correr na ponta do pé; brincar de estátua; brincar com cavalinho (cabo de vassoura).

- Elástico: dois participantes, frente a frente, com um elástico preso ao tornozelo, formam com ele um retângulo. Um terceiro participante salta pisando para dentro e para fora do retângulo, descrevendo figuras variadas.

4.3 Caixa surpresa[3]

Campos de experiência:
- Traços, sons, cores e formas.
- O eu, o outro e o nós.
- Escuta, fala, pensamento e imaginação.

---
3. Participação das coautoras Rebeka das Neves Andrade e Sofia Lira Chiodi.

- Corpo, gestos e movimentos.
- Espaços, tempos, quantidades, relações e transformações.

Faixa etária: a partir dos 3 anos.

Materiais:

- 1 caixa de sapato (de no mínimo 28cm de comprimento e 13cm de largura).
- 10 bolinhas de desodorante.
- 1 prego ou objeto pontiagudo metálico para perfurar as bolinhas e tampinhas dos potinhos de fermento.
- Lixa de unha para acabamento nas bolinhas e palitos de churrasco.
- Isqueiro ou fogão (para esquentar o prego).
- 2 canudos de espessura superior à dos palitos de churrasco, uma vez que os palitos deverão ser encaixados dentro dos canudos.
- 2 palitos de churrasco.
- 4 gargalos com tampinhas redondas de leite ou suco de caixinha.
- 7 caixas de leite.
- 10 folhas de sulfite.
- Cola quente.
- Cola branca.
- Tesoura.

- Tinta guache.
- Pincel.
- 1 pote de sorvete.
- 1 par de meias.
- Algodão.
- 4 potinhos usados de fermento, com tampa.

Confecção:

Caixa base

1) Na tampa (parte superior da caixa), realizar 4 furos de aproximadamente 5cm de diâmetro cada, com uma distância de 1,2cm entre eles, conforme imagem abaixo.

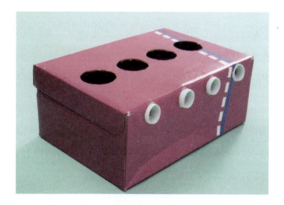

Observação: a caixa utilizada possui uma tampa de dimensão de 29,5cm x 20cm. Se as medidas da caixa utilizada pelo educador forem maiores em relação ao comprimento, a distância entre os orifícios poderá ser maior, porém a abertura deles deve continuar com 5cm de diâmetro.

2) Na lateral oposta à abertura da caixa, criar mais 4 orifícios de aproximadamente 2cm de diâmetro cada (seguindo o tamanho dos gargalos de garrafas de leite ou suco, pois essas tampinhas serão encaixadas nesses furos). Devem ser paralelos (ficar na mesma direção) aos orifícios da tampa (conforme imagem).

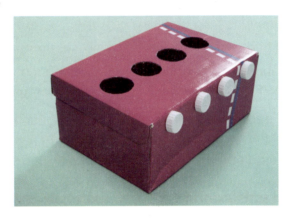

3) Cortar um dos canudos em 4 pedaços de mesmo tamanho, utilizando a parte interna do gargalo como de tamanho de referência. Colar com cola quente os pedaços de canudo na parte superior dos gargalos. A tampa não deve ser colada junto ao canudo e nem ao gargalo, pois ela será desrosqueada, seguindo as imagens abaixo.

4) Encaixar os gargalos nos orifícios ao lado da caixa, com a parte de rosquear das tampas voltadas para fora da caixa.

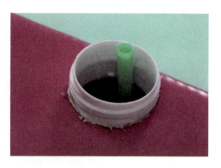

5) Cortar o outro canudo em 4 pedaços pequenos, de aproximadamente 3cm cada.

6) Utilizar cola quente para colar esses 4 pedaços de canudos na lateral interna da caixa, paralelamente aos canudos já fixados nas tampinhas (conforme imagem). Esses canudos juntamente com os fixados nos gargalos servirão como base de encaixe dos palitos de churrasco que sustentarão as bolinhas.

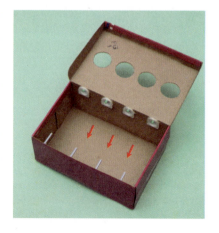

7) Cortar os palitos de madeira em 4 partes iguais, utilizando a largura da caixa como tamanho de referência. Os palitos devem ser encaixados nos canudos fixados na caixa, permitindo que a tampinha de rosquear seja fechada pelo lado de fora (como a imagem).

 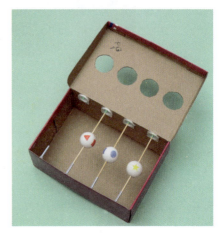

Bolinhas

1) Furar o centro das bolinhas de desodorante utilizando um objeto de metal pontiagudo (p. ex.: prego ou parafuso), que tenha sido aquecido (com auxílio de fogão ou isqueiro). Os furos nas bolinhas devem ser bem redondos e atravessá-las, devem ter diâmetro superior ao dos palitos de madeira, permitindo que os palitos atravessem as bolinhas, que deverão girar livremente.

Atenção: cuidado para não alargar um lado mais do que o outro, pois a bolinha ficaria pendendo mais para um lado. Os furos devem ser feitos na mesma direção, isso também evitará que a bolinha fique "viciada". Recomenda-se que um adulto execute este passo, pois o prego ficará muito quente, e é necessário ter muito cuidado ao manuseá-lo, além do fato de estar sendo utilizado fogo.

2) Para colocar as bolinhas na caixa, inicialmente deve-se passar os palitos de churrasco pelo canudo do gargalo, em seguida inserir a bolinha no palito, e por fim encaixar o palito nos canudos fixados na caixa (como a imagem).

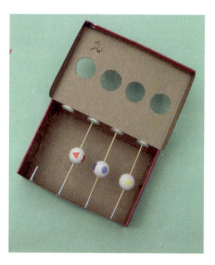

3) As bolinhas deverão ficar aparentes nos orifícios da tampa da caixa, conforme imagem.

• **Bingo das cores**

Objetivo: preencher a cartela de acordo com as formas sorteadas na caixa.

Faixa etária: a partir dos 4 anos.

Número de participantes: 14 jogadores e 1 narrador.

Componentes do jogo:

• 1 Caixa de suporte.

• 14 cartelas.

• 3 bolinhas com as combinações para sorteio (vermelho, azul e amarelo).

Confecção:

Bolinhas

1) Com a cola branca, colar as formas geométricas já coloridas (azul, amarelo e vermelho) em cada uma das 3 bolinhas. As formas geométricas coladas serão: 1ª bolinha: círculo vermelho, estrela vermelha, quadrado vermelho, triângulo vermelho; 2ª bolinha: círculo azul, estrela azul, quadrado azul, triângulo azul; 3ª bolinha: círculo amarelo, estrela amarela, quadrado amarelo, triângulo amarelo.

Cartelas

1) Para as 14 cartelas do bingo, desenhar combinações das formas geométricas do anexo 1 (p. 190s.). As formas geométricas deverão ser coloridas, com cada coluna de uma cor (vermelho, azul e amarelo).

2) Recortar nas laterais das caixas de leite 14 cartões com 13cm x 7cm de tamanho. Colar as cartelas realizadas no passo anterior na parte externa (estampada) dos cartões de caixa de leite recortados. A parte prateada será o verso das cartelas, conforme imagem.

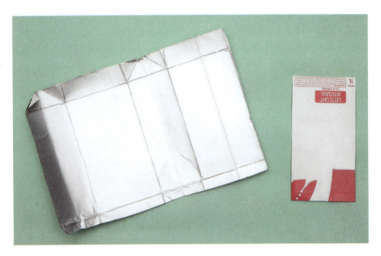

Dica: para maior durabilidade das cartelas de bingo, recomenda-se misturar cola branca com água e passar sobre a parte da frente das cartelas (a que contém as imagens das formas coloridas com lápis).

- Modo 1

• Cada bolinha terá 4 formas diferentes: quadrado, triângulo, estrela e círculo; na primeira bolinha as formas serão coloridas de vermelho, na segunda de azul e na terceira de amarelo.

• Para jogar, primeiro, as cartelas devem ser distribuídas aos participantes.

- O narrador deve girar as bolinhas, uma de cada vez; quem tiver em sua cartela a forma da cor que for sorteada e narrada, deve marcar isso em sua cartela utilizando uma tampinha, ou objeto similar.
- Vence o jogo aquele ou aqueles que preencherem a sua cartela corretamente primeiro.

Observação: As cartelas que conterem um coringa ☺ podem ser removidas dessa versão de jogo, ou então aqueles que tiverem coringa devem marcá-lo automaticamente, tendo maior chance de vencer.

- Modo 2:

Faixa etária: a partir dos 5 anos.
- As cartelas devem ser distribuídas aos participantes.
- O narrador deve girar as bolinhas, uma de cada vez. Quem tiver em sua cartela a **combinação** das 3 bolinhas sorteadas na rodada deve marcar a combinação em sua cartela, utilizando uma tampinha, ou um pedaço grande de papel.
- O coringa ☺ substitui qualquer forma que for sorteada na casa em que ele se encontrar.
- Vence o jogo aquele que preencher a sua cartela corretamente primeiro.

- **Modo 3: Contação de histórias**

Objetivo: contar uma história de acordo com o local, personagem e sentimento sorteados na caixa.

Faixa etária: a partir dos 3 anos.

Participantes: no mínimo 2, quantidade máxima não definida, uma vez que pode ser trabalhada com uma turma inteira.

Componentes:
- 1 caixa de suporte
- 3 bolinhas contendo lugares, personagens e sentimentos.

Confecção:

1) Com a cola branca, cole as figuras em cada uma das 3 bolinhas. As figuras coladas serão: 1ª bolinha: 4 imagens correspondentes a lugares; 2ª bolinha: 4 imagens correspondentes a personagens; e 3ª bolinha: 4 imagens correspondentes a sentimentos, tal como a imagem abaixo.

Regras:

- As crianças devem sentar em círculo.

- O educador deve girar a bolinha referente ao local, mostrar a imagem do local para as crianças, permitindo que elas iniciem a história.

- Em seguida, passar a caixa para a primeira criança ao seu lado, que deverá girar a bolinha correspondente ao personagem, permitindo que a criança insira o personagem sorteado no contexto selecionado na bolinha anterior.

- Passar a caixa para a próxima criança sentada ao lado, que deverá girar a bolinha correspondente ao sentimento, para que a criança possa identificar e descrever o sentimento desse personagem, criando uma narrativa por meio desse sorteio.

- Realizar o processo sucessivamente até que todas as crianças tenham girado uma bolinha e participado da contação de história.

- O educador também poderá girar as bolinhas e construir a história juntamente com as crianças, com a participação de todas ao mesmo tempo, para a concepção da narrativa de acordo com as bolinhas sorteadas.

- **Modo 4: O que é?**

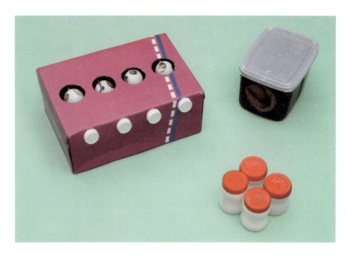

Objetivo: adivinhar o que foi sorteado na caixa utilizando um dos 4 sentidos corporais (tato, olfato, paladar e audição).

Faixa etária: a partir de 4 anos.

Participantes: acima de 2.

Componentes:
- 1 caixa de suporte.
- 1 caixa tato.
- 4 bolinhas contendo imagens que representem os sentidos audição, olfato, tato e paladar.
- 4 potes de cheiro.

Confecção:

Bolinhas

1) Colar com cola branca: 1ª bolinha: 4 imagens correspondentes à audição; 2ª bolinha: 4 imagens correspondentes ao olfato; 3ª bolinha: 4 imagens correspondentes ao tato; e 4ª bolinha: 4 imagens correspondentes ao paladar, tal como a imagem abaixo.

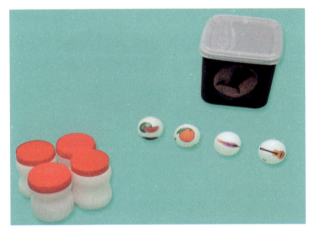

Alguns exemplos de quais imagens utilizar para trabalhar cada um dos sentidos:

• Audição: chuva, mar, avião, bebê chorando, trem, carro, despertador, vaca, pato, gato, buzina, cachorro, pessoa rindo, aplausos.

• Olfato: cravo, canela, café, alho, sabonete, mel, hortelã, frutas ou sucos em pó (uva, morango, laranja, maracujá, limão, p. ex.).

• Tato: folha seca, folha verde, madeira, pedra, gelo, massa de modelar, copo, pedaço de pano, lixa.

• Paladar: brigadeiro, beijinho, abacaxi, pão, limão, banana, morango, uva, manga.

Caixa tato

1) Em um pote de sorvete, recortar dois círculos, um em cada lateral oposta, de tamanho aproximado ao da mão da criança, como na imagem:

2) Recortar o par de meias em um tamanho condizente com o tamanho da caixa. No exemplo, utilizaram-se meias de aproximadamente 15cm de comprimento.

3) Colar na parte interna do pote de sorvete o par de meias com cola quente.

Potes de cheiro

1) Fazer furos nas tampas dos potes de fermento em pó com um objeto de metal circular aquecido no fogo.

2) Colocar algodão ou gaze no fundo do pote, que estejam molhados ou umedecidos com substâncias que contenham os cheiros escolhidos para o jogo.

Observação: não precisa necessariamente ser pote de fermento em pó. Podem ser utilizadas garrafinhas pet pequenas, sendo apenas necessário encapá-las utilizando algum tipo de material que impeça a criança de ver a substância que tem dentro. Podem ser usadas: fitas adesivas, fita crepe ou até mesmo pintar a garrafa com tinta guache.

Regras:

• Os estímulos dos sentidos corporais devem ser inicialmente preparados. Para audição podem ser utilizados sons encontrados na internet ou em outras formas de mídia. Inclusive, as próprias crianças podem imitar os sons utilizando instrumentos ou partes do corpo. Para o paladar, podem ser cortados pedaços de alimentos. Para tato e olfato serão utilizados objetos colocados dentro da caixa tato e dos potes de cheiro, respectivamente.

• A rodada inicia com um dos participantes com os olhos vendados, que será o adivinhador. Ele deve, com auxílio de um outro participante, girar uma das quatro bolinhas dos sentidos instalados na caixa de suporte.

• Um outro participante, que será o mediador da rodada, será o responsável por apresentar o estímulo sorteado na caixa ao adivinhador.

• O adivinhador deve tentar adivinhar por meio dos sentidos qual o elemento presente na bolinha sorteada. Por exemplo, o adivinhador sorteia na bolinha olfato o cheiro de melancia. O mediador deve apresentar ao adivinhador o pote de cheiro correspondente ao cheiro de melancia. Através do olfato o adivinhador deve adivinhar que o cheiro apresentado foi o de melancia.

• Na próxima rodada outro participante deve ser o adivinhador e outro o mediador.

Traços, sons, cores e formas: a criança e o jogo "Caixa surpresa"

O campo de experiência "Traços, sons, cores e formas" tem como intuito desenvolver na criança seu senso estético e crítico, incentivando sua expressividade e sensibilidade. Para isso é necessário que a criança esteja em contato com um ambiente que aguce sua curiosidade e seja rico em estímulos sensoriais. Além disso, a criança deve interagir com a expressão de diversas linguagens, tais como as artes visuais, a música, o teatro, a dança e a literatura. Também deve ser estimulada a criar suas próprias produções, exercitando a autoria individual e coletiva. Portanto, é necessário que a criança explore, brinque e experimente diferentes sons, cheiros, densidades, texturas, gestos, ritmos etc. para ser capaz de se expressar e de se autoconhecer (BRASIL/Ministério da Educação, 2018a). São por esses aspectos que o jogo "Caixa surpresa" foi escolhido para representar esse campo de experiência.

Para serem capazes de reconhecer traços, cores e formas nos objetos em geral, é necessário que as crianças tenham conhecimento prévio de suas formas puras. Segundo a BNCC (BRASIL/Ministério da Educação, 2018b), é esperado que as crianças tenham aprendido e desenvolvido noções de traços e cores desde bebês. Para isso é fundamental que os educandos manuseiem objetos diferentes e produzam e explorem materiais gráficos reconhecendo traços, formas e cores a partir da mediação do professor. A noção de traços, cores e formas é essencial para que a criança possa se expressar livremente a partir da linguagem visual. No "Bingo das cores" as crianças devem associar as formas e cores sorteadas e ditadas pelo professor àquelas da sua cartela. Por isso, essa modalidade da "Caixa surpresa" contribui para que o educador possa estimar o aprendizado das crianças, além de auxiliar na solidificação desses conhecimentos. Assim, o educador deve agir de maneira lúdica e divertida, estimulando o interesse da criança em reconhecer formas e cores dentro de uma gama de estímulos.

Em relação à "Contação de histórias", que faz intersecção entre os campos traços, sons, cores e formas e escuta, fala, pensamento e imaginação, as crianças são convidadas a expressar sua subjetividade e ideias por meio da criação conjunta de histórias. A contação de histórias permite desenvolver a criatividade, a imaginação e a produção autoral coletiva dos educandos, sendo imprescindível que o educador se permita usar a imaginação, utilizando essa modalidade para inserir outras linguagens, como a música para trabalhar o campo, traços, sons, cores e formas. A BNCC (BRASIL/Ministério da Educação, 2018b, p. 51) defende que desde bebês devem estar presentes na vida do estudante "brincadeiras cantadas, canções, músicas e melodias", e para isso o educador pode trabalhar com histórias e brincadeiras cantadas e dramatizadas (PARANÁ, 2019). A partir dos 4 anos devem ser incorporados nas brincadeiras de faz-de-conta e encenações objetos e instrumentos musicais. Desse modo, a contação de histórias da caixa surpresa pode ser um meio para que o educador desenvolva as habilidades das artes visuais, dramáticas e musicais nas crianças.

No jogo "O que é?" as crianças podem experimentar diferentes sons, traços e formas em contato com objetos reais. Segundo a BNCC (2018b), desde bebês os educandos devem ser estimulados a explorar sons ambientes de diferentes fontes sonoras. A partir dos 3 anos é esperado que as crianças comecem a aprender e desenvolver noções de parâmetros dos sons (altura, duração, timbre e intensidade) por meio de diversas fontes. Para isso, o educador pode utilizar diversos objetos do cotidiano ou reproduções em áudio de sons da cidade (buzina e sirene), sons corporais (espirros e palmas), instrumentos musicais (violão e pandeiro), sons do cotidiano (despertador e toque do celular), e sons da natureza (chuva e mar). Com essa modalidade da "Caixa surpresa" o educador pode estimular as crianças a aprenderem a reconhecer esses diferentes sons, como também os diferentes aspectos que os compõem. Em relação aos traços e formas, é a partir dos 4 anos que as crianças começam a experimentar a possibilidade de representação e a identificar formas bidimensionais ou tridimensionais dos objetos para, então, poderem desenhar, construir e produzir representações visuais incorporando esses aspectos (PARANÁ, 2019). Portanto, no jogo "O que é?", o educador também pode utilizar diferentes objetos e recursos da natureza, como materiais escolares, automóveis, construções, mobílias, brinquedos, e utensílios domésticos, para estimular essa aprendizagem.

Por fim, é fundamental que o educador use sua criatividade e imaginação para explorar a caixa surpresa, apresentando para a criança diferentes linguagens e formas de expressão, promovendo o relacionamento e a interação com as artes visuais, música, cinema, fotografia, dança, teatro, poesia e literatura (PARANÁ, 2018).

Outras sugestões de jogos e brincadeiras relacionados ao campo de experiência

- **Seu mestre mandou**: um dos participantes deve ser o mestre, pode ser a(o) educador(a). Ele então dirá: "Seu mestre mandou" e os demais respondem: "Fazer o quê?" Então o mestre delimita qual será a ação a ser executada: pular em um pé só, imitar algum animal/pessoa, bater palmas, fazer um movimento com os braços, andar de costas, colocar a mão em alguma parte do corpo etc. Não há vencedores.

- **Chocalho**: pode ser industrializado ou confeccionado com materiais recicláveis e grãos.

- **Desenhos para colorir**: desenhos em papel, retirados de livros, revistas, impressos da internet ou desenhados pelas próprias crianças.

- **Dominó**: peças demarcadas com uma a sete bolinhas coloridas. São distribuídas 7 peças para cada jogador. Inicia quem tem o maior "carretão" (peça de dois números iguais em ambas partes). As peças são combinadas de acordo com os números de bolinhas em cada lado. O vencedor é o jogador que terminou as suas peças.

- **Qual é a música?**: um dos participantes cantarola o ritmo de uma música que seja do conhecimento de todos, e os demais devem adivinhar qual a música que foi cantarolada. Não há vencedores.

- **Instrumentos musicais**: diferentes instrumentos musicais industrializados ou confeccionados com materiais recicláveis.

- **Jogo da memória**: pode ser industrializado ou confeccionado com materiais recicláveis (caixas de papelão ou caixa de leite com figuras de revistas ou adesivos coladas de um lado da carta). As cartinhas devem permanecer viradas de cabeça para baixo e as crianças podem virar duas em sua vez. Se encontrar um par, este é retirado da mesa e a criança guarda para si. Vence quem tiver o maior número de pares.

• **Estátua**: o educador deve ficar responsável pelo som. Colocará uma música e as crianças devem ficar dançando no ritmo dela, ou circulando pela sala livremente. Quando o educador disser "Estátua!" e pausar a música, todos devem permanecer na posição em que estavam na hora em que a palavra foi dita. Quem se movimentar ou sair da posição de "estátua" sai da brincadeira.

• **Mãe da rua da cor (ou da música)**: um participante deve ficar no meio e o restante de um lado da quadra. O participante do meio grita "mãe da rua da cor" ou "mãe da rua da música" e o restante responde "qual cor?" ou "qual música"? No caso da cor, as crianças que tiverem a cor ditada em suas roupas (camiseta, calça, meia, tênis etc.) e acessórios (presilhas de cabelo, pulseiras, relógios etc.), podem atravessar tranquilamente pelo pátio. As que não tiverem devem correr para chegar à área do outro lado da quadra e o participante do meio deve tentar pegá-las. No caso da música, a palavra ditada pelo jogador do meio deve fazer parte de uma música. As crianças que souberem uma música com aquela palavra podem atravessar tranquilamente, e as demais devem correr para chegar ao outro lado da quadra.

- **Massinha de modelar**: podem ser industrializadas, de argila, ou produzidas com trigo, água, óleo, sal e corantes. As crianças devem ser estimuladas a produzirem esculturas de diferentes formas e cores.
- **Pintura em telas ou a dedo**: utilizando telas ou papel kraft colado na parede, o educador solicita que as crianças pintem sobre o que elas aprenderam, que desenhem personagens das histórias contadas, ou que juntos criem uma história com os desenhos. As pinturas podem ser feitas com as mãos e dedos ou com pincéis.
- **Que som tem lá fora?**: as crianças devem estar sentadas, relaxadas, de olhos fechados e em silêncio. Elas deverão tentar escutar os sons de fora da sala de aula e depois compartilhar quais ouviram, de onde vinham, o que elas achavam que estava acontecendo para aquele som ocorrer.
- **Quebra-cabeça**: pode ser industrializado ou a partir de recortes realizados em fotografias ou imagens retiradas de revistas. O objetivo é combinar as peças para se formar a imagem.

- **Tangram**: pode ser industrializado ou confeccionado com papel ou papelão. O jogo consiste em 7 peças, chamadas *tans*: são 2 triângulos grandes, 2 pequenos, 1 médio, 1 quadrado e 1 paralelogramo. Com essas peças as crianças podem criar imagens de animais, pessoas, objetos, dentre outros.

- **Telefone sem fio**: as crianças são colocadas lado a lado umas das outras, podem ficar em pé ou sentadas. A que está na ponta esquerda deve falar uma palavra ou uma frase no ouvido de seu colega da direita, e ele faz o mesmo, e assim sucessivamente até a última criança. Esta deverá dizer em voz alta a palavra que ouviu. A primeira criança passa a ser a última da fila e o colega que era o segundo agora é quem vai falar uma palavra. A brincadeira segue até a última criança ser a primeira. Não há vencedores.

- **Dança com panos**: o educador deverá solicitar aos pais ou ele mesmo poderá levar pedaços de pano para que cada uma das crianças tenha ao menos um pedaço em mãos. Os panos devem ser preferencialmente coloridos, para que possam ser trabalhadas as cores. As crianças poderão dançar ao som de uma música que o educador colocará, e assim fazer movimentos com os panos, tornando a atividade divertida. O educador é livre para solicitar às crianças algumas ordens, como por exemplo, "agora só quem tem o pano verde dança", dentre outros. Não há vencedores.

4.4 Jogo das rimas[4]

Objetivo: favorecer a pronúncia, enriquecer o vocabulário e identificar as rimas.

Campos de experiência:
- Escuta, fala, pensamento e imaginação
- O eu, o outro e o nós.
- Sons, cores, traços e formas.

Faixa etária: a partir de 5 anos.

---
4. Participação da coautora Renata Vieira Rolin.

Número de participantes: de 2 a 5.

Componentes do jogo:
- Cartas.

Materiais:
- De 15 a 20 caixas de leite.
- Tesoura.
- Caneta.
- Cola branca.
- Pincel.
- Régua.

Confecção:

1) Desenhar na caixa de leite alguns retângulos com as medidas de 7cm x 4cm e recortar. Os retângulos devem ser desenhados com a caneta no lado externo da caixa de leite (lado da marca).

2) Escolher um retângulo como "molde" e desenhar outros retângulos até chegar ao número total de 50 retângulos. Depois recortar.

3) No anexo 2 há sugestões de imagens e palavras que rimam. As crianças podem desenhar no papel sulfite, recortar e escrever as palavras.

4) Despejar um pouco de cola branca em uma superfície (pode ser um prato) e, com o pincel, passar cola nos retângulos e colar cada figura em um retângulo. Esperar secar.

5) Depois de seco, utilizando o pincel, passar uma camada de cola branca nas figuras, para tornar o jogo mais durável e deixá-lo mais bonito, pois a cola branca dará um brilho para as cartas. Esperar secar.

Dicas:

• O jogo pode ser adaptado de diferentes formas: podem ser utilizadas várias imagens e rimas. A dificuldade pode ser alterada de acordo com a idade das crianças.

Regras:

- Modo 1: Jogo das rimas

Faixa etária: a partir de 4 anos.

• O professor mediará o jogo.

• O professor deverá, antes de começar o jogo, separar os pares das rimas, ficando com uma carta de cada rima. Esse processo pode ser facilitado marcando as cartas que ficarão com o professor com uma pequena bolinha feita em caneta no verso de cada carta. Pode, também, ser feito por meio da distinção das cores de caixas de leite, usando, por exemplo, caixas de leite azuis para as cartas utilizadas pelos professores e vermelhas para as dos alunos ou vice-versa.

• Cada jogador receberá 5 cartas. O restante das cartas ficará com o professor.

• O professor iniciará o jogo expondo uma carta e perguntando aos alunos quem possui a carta que faz rima com aquela.

Possibilidades:

• Jogo competitivo: ganha quem tiver mais pares ao final da partida.

• Jogo cooperativo: o professor pode deixar os pares formados em cima da mesa e explorar com os alunos os resultados. Dessa forma, não haverá um ganhador.

Variações do jogo

- Modo 2: Contação de histórias

Faixa etária: a partir de 3 anos (com no máximo 5 cartas).

• O professor pode formar um círculo com os alunos e colocar o monte de cartas no centro.

• Uma por vez, cada criança pegará uma carta e terá que incluir na história a figura contida nela.

Observação: A história pode ser iniciada pelo professor (retirando uma carta) ou por uma das crianças.

- Modo 3: "Quem sou eu"

Faixa etária: a partir de 4 anos.

• O professor separará as cartas com figuras de animais e entregará uma para cada criança, orientando para que as crianças não vejam as figuras.

• Em círculo, cada criança segurará a carta na frente da testa, fazendo perguntas a fim de tentar identificar o animal que está em sua carta.

- **Modo 4: "Memorrima"**

Faixa etária: a partir de 4 anos.

• O professor separa 4 pares de rimas, vira as cartas e embaralha.

• As crianças terão que descobrir qual é o par da rima, assim como no jogo da memória, virando 2 cartas em cada jogada.

• Quando a criança encontrar o par, ela marca um ponto.

• Ganha a criança que encontrar mais pares.

- **Modo 5: Jogo das mímicas**

Faixa etária: a partir de 3 anos.

• O professor pode separar as cartas com figuras de animais e entregar uma para cada criança, mas sem deixá-la ver a figura.

• Em círculo, cada criança vai pegar uma carta e ver a figura, mas sem deixar que seus colegas vejam a sua figura.

• Em seguida, a criança representará esse animal por meio de mímicas e as outras crianças terão que adivinhar qual animal está sendo representado.

- **Modo 6: Jogo da canção**

Faixa etária: a partir de 3 anos.

• O professor separará cartas com figuras contidas em letras de canções infantis (ex.: cartas contendo uma aranha, uma parede e chuva, para cantar a música *Dona Aranha*), podendo ou não intermediar o processo de adivinhação.

- O jogo pode ser colaborativo ou competitivo.

Escuta, fala, pensamento e linguagem: a criança e o "jogo das rimas"

De acordo com a Base Nacional Comum Curricular (BNCC) o campo de experiência "escuta, fala, pensamento e imaginação", presente na Educação Infantil, busca propiciar experiências de fala, escuta para as crianças através de brincadeiras, conversas, falas, narrativas, escuta e contação de histórias etc. Isso faz com que a escola (professores e colegas de classe) estimule a criança a ser inserida no ambiente falante e a desenvolver suas habilidades linguísticas de forma lúdica.

Além disso, neste campo é possível favorecer que a criança tenha contato com a literatura infantil e os gêneros literários, de maneira que ela explore os signos e os sinais da língua portuguesa e as diferentes formas textuais, e assim, desenvolva sua imaginação.

As crianças na Educação Infantil, através de brincadeiras e dinâmicas propostas, podem construir conhecimentos em relação à escrita, a linguagem verbal e não verbal, e assim desenvolver o pensamento sobre si, o mundo e sua língua. Isso tudo, pode ser trabalhado com "linguagens oral e escrita por meio de gestos, expressões, sons da língua, rimas, leitura de imagens e letras, identificação de palavras em poesias, parlendas, canções e a partir da escuta e dramatização de histórias e da participação na produção de textos escritos" (BRASIL, 2018, p. 18).

O "Jogo das rimas" é uma ótima ferramenta para se trabalhar este campo de experiência, pois proporciona a comunicação, o contato e desenvolvimento da linguagem, pensamento, interação social, verbalização de palavras, interpretação de desenhos, diferenciação de sons e identificação de rimas. Além disso, pode propiciar diferentes situações de acordo com as variações do jogo.

Outras sugestões de jogos e brincadeiras relacionados ao campo de experiência

• **Cantigas de roda**: nesta brincadeira, as crianças se dão as mãos, em círculo, e cantam as cantigas, podendo ou não acompanhar coreografia. Ex.: *Ciranda Cirandinha*, *Atirei o pau no gato*, *Escravos de Jó*, *Borboletinha*, *Pirulito que bate-bate*.

• **Trava-línguas**: o professor ensina o trava-língua de sua preferência às crianças, que devem repeti-lo em seguida.

• **"O que é, o que é?"**: o professor escolhe algumas questões de adivinhação e pergunta para os alunos.

- **Lata de lixo**: em uma roda, de mãos dadas com as crianças, o professor canta: "tango, tango, tango maninha é de carrapicho vou botar a fulana na lata do lixo, repete..." Uma criança é chamada para entrar na roda, e continua-se a brincadeira até que as crianças não consigam mais segurar as mãos e a roda arrebenta. Todos pulam e gritam "a lata furou, o lixo espalhou, a lata furou, o lixo espalhou!"
- **A palavra é...**: uma criança fala uma palavra e os colegas deverão tentar lembrar de uma canção com a palavra escolhida. Quando a rodada terminar, outra criança escolherá a palavra e o jogo recomeça.
- **Gato mia**: em uma sala escura, uma criança é escolhida para ser a "pegadora" e as outras devem se esconder. A criança "pegadora" deve dizer "Gato mia", enquanto as outras imitam o som do animal para que ela as ache.
- **Corre cutia/lenço atrás**: as crianças se sentam no pátio em círculo, uma ao lado da outra, com os olhos cobertos. É escolhida uma criança para andar, por fora do círculo, com um lenço em mãos, enquanto as crianças cantam. A criança com o lenço, disfarçadamente, o deixará atrás de alguma das crianças da roda. O participante escolhido deverá pegar o lenço e correr atrás da outra criança, em torno do círculo. Se o participante escolhido não

alcançar, deverá repetir a brincadeira, escolhendo uma nova criança para dar o lenço.

- **Pular corda com músicas**: duas crianças irão movimentar a corda, enquanto uma ou mais crianças pulam, cantando músicas.

- **Continue a história**: com um pedaço de papel e lápis, cada criança deverá escrever uma parte de uma história à escolha delas.

- **Mímica**: com palavras escolhidas e escritas em pedaços de papel pelas crianças, cada participante, um de cada vez, deverá tentar imitar, com o corpo e sem falar, aquilo que está escrito no papel sorteado. As outras crianças deverão tentar adivinhar qual é a palavra.

- **Elefantinho**: as crianças cantarão "um elefante incomoda muita gente, dois elefantes incomodam muito mais", acrescentando a palavra "incomodam" de acordo com o número de vezes em que cantam.

- **Jogo da forca**: uma criança escolherá uma palavra para que as outras tentem adivinhar selecionando as letras. A cada letra errada, uma parte do corpo é desenhada na forca. Caso as crianças não adivinhem a palavra antes de formar um corpo completo, elas perdem.

- **Adoleta**: em círculo, os participantes se dão as mãos, batendo a mão direita na mão esquerda do colega, cantando até chegar na letra "u", quando o outro colega deverá fugir.

• **Livraria**: as crianças deverão produzir livros para "vender" para as outras. Elas se revezam entre compradores e escritores.

4.5 Bolinhas matemáticas[5]

Objetivo: encaixar os rolinhos numerados e inserir as bolinhas de gude na caixa para que a criança associe a quantidade ao número.

Campos de experiência:

• Espaços, tempos, quantidades, relações e transformações.

• O eu, o outro e o nós.

---
5. Jogo adaptado de grupo no Facebook: Equidade com Educação [Disponível em https://www.facebook.com/EquidadeComEducacao/videos/524194738104208/?v=524194738104208 – Acesso em 31/03/2019. • Pariticipação da coautora Diana Nakao Lima.

Faixa etária: a partir dos 5 anos.

Participantes: a partir de 1.

Componentes do jogo:
- Caixa base.
- Rolinhos numerados.
- Bolinhas de gude.

Materiais:
- 1 caixa de sapato com aproximadamente 22cm de largura, 28cm de comprimento e 10cm de altura.
- 11 rolinhos de papel higiênico.
- 20 bolinhas de gude.
- Lápis.
- Régua.
- Estilete.
- Tinta guache.
- 2 rolos de papel-alumínio.
- 2 rolos de papel-toalha.
- Cola quente.

Confecção:
Caixa base

1) Recortar um rolo de papel alumínio em três partes iguais.

2) Desenhar e recortar na tampa da caixa 3 círculos com o mesmo diâmetro do rolo de papel alumínio. A distância entre os círculos deve ser de 4cm.

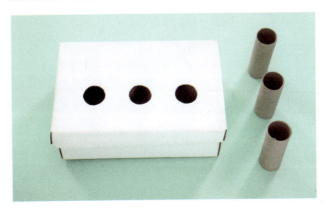

3) Para formar o suporte em que as bolinhas ficarão após rolarem nas esteiras, recortar na vertical 1 rolo de papel-alumínio (ou um rolo de papel-toalha ou recortar dois rolinhos de papel higiênico e colar um no outro utilizando cola quente).

4) Fechar as extremidades do suporte colando semicírculos recortados de rolinho de papel higiênico.

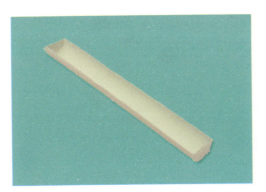

5) Pinte o suporte.

6) Posicionar paralelo a parte de trás da caixa, o suporte confeccionado anteriormente para medir a altura onde serão desenhados 2 semicírculos. Os semicírculos precisam ficar acima do suporte e ficar paralelos aos 2 primeiros círculos feitos na tampa.

7) Para desenhar, utilize a medida do diâmetro do rolo de papel-toalha. Em seguida, recorte os semicírculos desenhados.

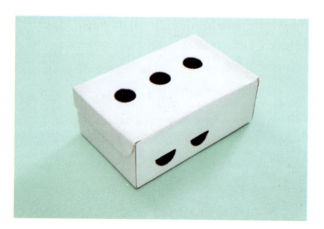

8) Para fazer as esteiras que conduzem as bolinhas para fora da caixa, recorte ao meio, na vertical, 1 rolo de papel-toalha. Nessa etapa, o rolo de papel-toalha pode ser substituído por rolinhos de papel higiênico cortados na vertical e colocados um no outro.

9) Pinte as esteiras.

10) Colocar um rolo inteiro de papel toalha (ou um rolinho de papel higiênico) e colá-lo na parte interna da caixa, abaixo das esteiras para dar inclinação, permitindo que as bolinhas rolem para fora.

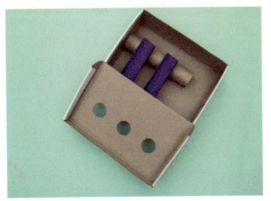

11) Pintar a caixa.

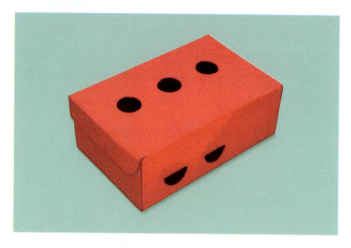

12) Pintar os 3 rolinhos de papel-alumínio que foram cortados em três partes iguais.

13) Encaixar os 3 rolinhos nas perfurações superiores da caixa e colá-los por dentro utilizando cola quente.

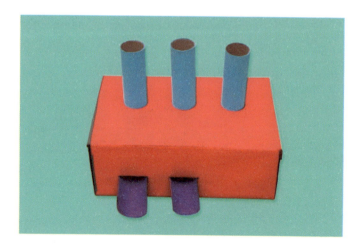

Confecção dos rolinhos numerados

1) Para confeccionar os rolinhos numerados, utilize 10 rolinhos de papel higiênico com diâmetro maior do que os rolinhos que foram afixados na caixa, de forma que possam se encaixar.

2) Cortar os rolinhos ao meio, na horizontal.

3) Pintar e escrever os números nos rolinhos.

4) Finalize a confecção desenhando na parte de cima da caixa, um sinal de mais (+) e um sinal de igual (=).

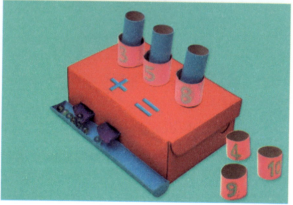

Regras:

- **Modo 1**

• Insira o rolinho numerado nos rolinhos fixados na caixa-base. Então insira a quantidade de bolinhas correspondente aos números; após contá-las, a criança pode inserir o rolinho com o resultado correspondente no último rolinho, associando dessa forma a quantidade ao número correspondente.

- É possível jogar individualmente ou, então, com o auxílio do professor, a turma toda pode participar.

- Modo 2: Encontre o erro
- É possível fixar do outro lado dos rolinhos que foram numerados uma imagem original e outra imagem parecida, com pequenos detalhes diferentes.
- Dessa forma, é possível confeccionar um jogo em que a criança tenha que identificar e apontar as diferenças entre as imagens (semelhante ao jogo dos 7 erros).

- Modo 3: Jogo de argolas
- Confeccionar 3 argolas que encaixem nos rolinhos fixados na caixa.
- Cada participante deve jogar as 3 argolas, com o objetivo de acertar os rolinhos.

- Modo 4: Modelando cores
- Utilizando massinha de modelar é possível substituir as bolinhas de gude. A substituição permite trabalhar cores e tamanhos.
- Exemplo: pegar um pedaço de massinha da cor azul, fazer uma bolinha e inserir no primeiro rolinho da caixa, em seguida pegar um pedaço de massinha da cor amarela e realizar o mesmo processo, desta vez inserindo no segundo rolinho. Juntar as duas

bolinhas que estarão na esteira para criar uma bolinha maior de cor verde.

• *Observação*: as bolinhas de massinha de modelar não podem exceder o tamanho em relação aos furos da parte de trás da caixa, local onde as bolinhas irão sair após serem inseridas nos rolinhos.

- Modo 5: Jogo das transformações

• Colar figuras na parte de trás dos rolinhos que foram numerados. A colagem de figuras permitirá trabalhar temas de transformações e relações.

• Para isso são necessárias três figuras para cada tema que for trabalhado. Por exemplo: rio + lixo = poluição; semente + água = fruto; amarelo + vermelho = laranja).

• Cada criança deve encaixar os rolinhos com as figuras nos rolinhos da caixa base, formando a sequência correta das relações.

- Modo 6: Ritmo certo

• Desenhar bolinhas na parte de trás dos rolinhos numerados. Os desenhos de bolinhas permitirão trabalhar o ritmo.

• Cada rolinho precisa ter uma quantidade de bolinhas desenhadas uma do lado da outra. Ex.: 00 00, 000 00.

- Com os rolinhos enfileirados, as crianças devem bater palmas conforme a quantidade de bolinhas desenhadas nos rolinhos.

- **Modo 7: Jogo da velha**

- Desenhar na parte de trás dos rolinhos numerados 9 imagens de círculos (O) e 9 imagens de xis (X).

- Desenhar em uma folha de papel um quadrado com duas linhas verticais paralelas cruzadas por duas linhas horizontais paralelas, formando nove espaços vazios.

- Nesse modo participam duas crianças, e cada uma deve escolher os rolinhos com as imagens (O ou X). Dessa forma, as crianças jogam alternadamente preenchendo cada um dos espaços vazios.

- O jogo termina quando a primeira criança conseguir formar uma linha com três imagens iguais, seja na horizontal, vertical ou diagonal.

Espaço, tempo, quantidades, relações e transformações: a criança e o jogo "Bolinhas matemáticas"

Assuntos como animais, plantas, sustentabilidade do meio ambiente, vida cotidiana, economia, organizações sociais e atividades que lidam com números podem ser trabalhados na Educação Infantil, discutindo-se noções de espaço, tempo, quantidade, relações e transformações (BRASIL/Ministério da Educação, 2018).

As crianças inseridas em espaços e tempos de diferentes dimensões, em um mundo constituído de fenômenos naturais e socioculturais, frequentemente se deparam com conhecimentos matemáticos que despertam sua curiosidade. Assim como demonstram curiosidade sobre o mundo físico e o mundo sociocultural (BRASIL/Ministério da Educação, 2018).

Nesse sentido, o campo de experiência "Espaços, tempos, quantidades, relações e transformações" envolvem as seguintes experiências:

• Espaços: a exploração tátil e visual das propriedades – forma, tamanho, posição, direção – das formas geométricas planas e não planas. Noções de forma, proporcionalidade e semelhanças. Noções de espaço em relação ao uso social dos espaços nas cidades e no campo, hábitos dos animais, o lugar onde vivem, as transformações e aparências de espaços.

• Tempos: noções de tempo físico (dia e noite, estações do ano, ritmos biológicos), cronológico (ontem, hoje, amanhã, semana, mês, ano) e histórico. Noções de simultaneidade, sequência, mudança e permanência de determinadas ações. Categorias temporais – ritmos, duração, orientação e medição.

- Quantidades: contagem, ordenação, relações, dimensões, medidas, comparação de massa e comprimento, avaliação de distâncias, reconhecimento de formas geométricas, conhecimento e reconhecimento de numerais cardinais e ordinais.
- Relações e transformações: relações sociais, trabalho, modos de viver, diferentes povos e culturas.

Portanto, a Educação Infantil precisa promover experiências nas quais as crianças possam fazer observações, manipular objetos, investigar e explorar seu entorno, levantar hipóteses e consultar fontes de informação para buscar respostas às suas curiosidades e indagações.

Diante disso, o jogo "Bolinhas matemáticas" proporciona condições para a aprendizagem e desenvolvimento da criança no campo de experiência "Espaços, tempos, quantidades, relações e transformações". O principal objetivo do jogo consiste em encaixar os rolinhos e inserir as bolinhas na caixa para que a criança associe a quantidade ao número. O objetivo do jogo está de acordo com um dos objetivos de aprendizagem e desenvolvimento apontados pela BNCC para as crianças de 4 anos a 5 anos e 11 meses, que diz respeito a relacionar números às suas respectivas quantidades.

O jogo proporciona experiências em relação ao espaço principalmente em aspectos como o deslocamento e o trajeto que a bolinha realiza durante o jogo. Assim como a noção espacial de situações dinâmicas e estáticas da bolinha (dentro, fora, para baixo, para o lado).

Além disso, as bolinhas matemáticas promovem experiências no que diz respeito à quantificação de objetos, visto que o jogo permite que a criança faça contagem, relações e reconhecimento de numerais cardinais. Durante a confecção do jogo também é possível trabalhar as relações e transformações dos materiais que foram utilizados na confecção.

Além do mais, o jogo possui três variações. São elas: a) Encontre o erro; b) Jogo da memória; c) Jogo de argolas. – a) Encontre o erro: possibilita experiências em relação a exploração de semelhanças e diferenças entre as figuras; b) Jogo da memória: possibilita realizar relações e a percepção dos elementos no espaço; c) Jogo de argolas: permite reconhecer noções de proximidade e direcionalidade e noção espacial.

Para possibilitar uma maior abrangência em relação às experiências do campo algumas sugestões serão apresentadas a seguir:

- Bolinhas feitas com massinha de modelar (cores/tamanho).
- Jogo da velha utilizando os rolinhos.
- Desenhos de bolinhas nos rolinhos para trabalhar o ritmo.

- Colagem de figuras nos rolinhos para trabalhar transformações (p. ex.: rio + lixo = poluição; semente + água = fruto; amarelo + azul = verde).

- Colar figuras nos rolinhos para trabalhar diferentes temas (p. ex.: transformações de objetos durante o tempo [relógio antigo *vs.* relógio moderno] ou figuras para identificar elementos e características do dia e da noite [Sol, Lua, estrelas, nuvens]. Agrupamentos das figuras que representam a mesma categoria.

- Trabalhar a transformação da matéria com os materiais utilizados na confecção.

- Durante a confecção do jogo é possível trabalhar questões de dimensão e tempo.

- Comunicar a quantidade de bolinhas a partir da linguagem oral.

- Registrar os números através de desenhos ou da escrita.

- Explorar diferentes contextos sociais em que a utilização de números e a contagem sejam necessárias.

- Acrescentar outros materiais que convidem a criança a pensar sobre os números, como brincar de comprar e vender, identificando notas e moedas do sistema monetário.

Portanto, conforme as crianças têm oportunidade de explorar diferentes características e propriedades de objetos, materiais, brinquedos e jogos no que se refere à forma, tamanho, espessura, explorando, manipulando, observando, contando e medindo os objetos, elas lidam com noções de quantidades, séries, classes, medidas e formas e ampliam suas habilidades de se orientar no tempo e no espaço.

Por fim, a construção social de conhecimentos pela criança pequena depende das situações criadas pelos adultos para mediar suas aprendizagens. Sendo assim, o jogo "Bolinhas matemáticas" cria oportunidades para que as crianças ampliem seus conhecimentos e saberes para assim utilizá-los em seu cotidiano.

Outras sugestões de jogos e brincadeiras relacionados ao campo de experiência

- **Caça ao tesouro**: é um tipo de jogo em que os participantes devem resolver os enigmas das pistas para encontrar a sua recompensa.

- **Xilofone musical com água**: copos com diferentes quantidades de água que permitem produzir sons quando tocados com uma baqueta.

- **Jogos de percurso**: nos jogos de percurso, ao lançar os dados e avançar com o peão pelas casas do trajeto, as crianças vão compreendendo o sistema numérico.

- **Brincar de desenhar**: objetos a partir de diferentes pontos de vista (de frente, de cima, de lado).

- **Brincar de comprar e vender**: vivenciar situações que envolvam noções monetárias (compra e venda).

- **Atividades de culinária**: observar as transformações produzidas nos alimentos durante o cozimento.

- **Pinturas**: manipular tintas de diferentes cores e misturá-las, identificando as cores que surgem e registrando as constatações.

- **Parlendas/contagem oral**: as parlendas são rimas infantis que divertem as crianças, ao mesmo tempo em que trabalham com a memorização e a fixação de alguns conceitos. Exemplo: Um, dois, feijão com arroz. Três, quatro, feijão no prato.

- **Liga-pontos**: é uma forma de quebra-cabeça que contém uma sequência de pontos numerados. Quando uma linha é desenhada conectando os pontos, o contorno de um objeto é revelado.

- **Pular corda**: na brincadeira coletiva, uma das extremidades da corda é presa em um poste ou em um portão enquanto um participante fica na outra ponta, batendo. Mas também é possível que duas crianças, uma em cada extremidade, segurem e batam a corda para que outras pulem.

- **Dança das cadeiras**: o jogo consiste numa roda de cadeiras e outra de pessoas, sendo que o número de assentos deve ser sempre um a menos em relação aos indivíduos participantes.

• **Boliche**: o objetivo é derrubar, com uma bola, uma série de pinos alinhados.

• **Dominó**: é um jogo de mesa que utiliza peças com formatos retangulares, dotadas normalmente de uma espessura que lhes dá a forma de paralelepípedo, em que uma das faces está marcada por pontos indicando valores numéricos.

• **Liga**: o jogo é uma espécie de jogo da velha, que consiste em fichas vermelhas e azuis, e um tabuleiro bilateral e vertical, com diversos furos, e um botão deslizante amarelo na parte inferior do tabuleiro, para remoção das fichas.

• **Tangram**: é um quebra-cabeças geométrico chinês formado por 7 peças, chamadas *tans*: são 2 triângulos grandes, 2 pequenos, 1 médio, 1 quadrado e 1 paralelogramo.

• **Quebra-cabeça**: é um jogo onde um jogador deve resolver um problema proposto; as peças devem ser combinadas de modo a formar uma estrutura predeterminada.

• **Amarelinha**: o jogo consiste em pular sobre um desenho riscado com giz no chão, que também pode ter inúmeras variações. Em uma delas, o desenho apresenta quadrados ou retângulos numerados de 1 a 10, e no topo o céu, em formato oval.

• **Jogo da memória**: o objetivo do jogo é memorizar imagens rapidamente, de forma a desenvolver e aperfeiçoar o raciocínio, principalmente para crianças, através da criação de relações entre imagem e sequência das cartas dispostas.

Considerações finais

Das experiências lúdicas... algumas certezas!

Ao chegar neste momento, novos horizontes pedagógicos são revelados no que tange ao processo de criar, brincar e aprender na Educação Infantil. Das experiências lúdicas, há algumas certezas de que este deve ser o caminho a ser percorrido por crianças e professores em prol da aprendizagem e desenvolvimento infantil. O processo de brincar é, sem dúvida, um tempo/espaço de significações em que crianças apropriam-se de seu entorno social ao mesmo tempo em que constroem atividades estáveis, compartilham regras e interesses, assim como efetivam novas aprendizagens com seus pares de idade.

Ao brincarem, as crianças revelam suas reais potencialidades de ação e de pensamento, uma vez que a educação, sintonizada com as práticas de ensino à luz de jogos, brinquedos e brincadeiras, possibilita à criança compreender desde a mais tenra idade o mundo à sua volta e, a partir dele, se desenvolver. Ora, desde que nasce, a criança é introduzida no mundo do adulto por meio dos jogos, sejam eles voltados ao campo da descoberta ou de representações de papéis sociais, e sua imaginação eleva suas habilidades conceituais, sociais, afetivas, cognitivas e físicas, resultando no grande desafio que é a formação da sua humanidade.

Diante disso, é fundamental pensar sobre o processo do brincar à luz da cultura e das mudanças sociais e históricas, uma vez que nos ajuda a compreender o porquê de em certos momentos algumas brincadeiras serem oferecidas às crianças e em outros não. Ainda, conhecer as brincadeiras e seu surgimento nos auxilia no processo de compreensão do sujeito que brinca e que age sobre o mundo de maneira brincante e interativa.

Para isso, é necessário que os professores da infância desenvolvam a reflexão acerca da importância do brincar, por meio de uma formação mais sólida e lúdica da docência, em prol de um descortinar para novos olhares que precisam ainda serem ampliados. O gosto do conhecimento consiste em nunca encerrar algo quando se chega em um "lugar", novos desejos surgem para outros "lugares". Assim é o sentimento que temos ao trazer essa temática tão importante no campo da Educação Infantil e formação humana das nossas crianças.

O desafio, a partir dessas discussões, é compreender que brincar é aprender e aprender é brincar. Ainda: que a brincadeira seja uma necessidade humana da criança, e é por meio dessa linguagem que há a capacidade maior de aprender com sentido e significado. Ao brincar, a criança não só aprende os elementos da cultura e da vida em sociedade, como também é capaz de transformá-los a partir do seu modo peculiar de agir sobre o mundo.

Destarte, profissionais da infância precisam reconhecer que as práticas lúdicas podem ser eficazes para o desenvolvimento integral da criança e é um direito constituído perante a lei. Para tanto, é inegável que professores da infância venham secundarizar esses momentos brincantes, haja vista que a brincadeira, o jogo e o brinquedo se, intencionalmente planejados, podem elevar as capacidades psíquicas da criança por meio de saberes significativos para o seu desenvolvimento. Então, vamos brincar!

Referências

ABREU, C. **Meus oito anos**. São Paulo: Global, 2003.

ANGOTTI, M. **Projeto de pesquisa de Educação Infantil: elegendo e analisando critérios para se investir na qualidade do atendimento**. Araraquara: Unesp, 2007 [Relatório de atividades, proposta complementar de pesquisa para o triênio].

BENJAMIN, W. **Reflexões sobre o brinquedo, a criança e a educação**. São Paulo: Ed. 34, 2002.

BONDÍA, J.L. Notas sobre a experiência e o saber de experiências. **Revista Brasileira de Educação**, n. 19, 2002.

BRASIL. **Constituição da República Federativa do Brasil**, 1988.

BRASIL/Ministério da Educação. **Lei de Diretrizes e Bases da Educação Nacional – Lei n. 9.394/96** [Disponível em http://www.planalto.gov.br/ccivil_03/Leis/L9394.htm].

BRASIL/Ministério da Educação. **Base Nacional Comum Curricular**. Brasília: MEC, 2017.

BRASIL/Ministério da Educação. **Base Nacional Comum Curricular**. Brasília: MEC, 2018a.

BRASIL/Ministério da Educação. **Campos de experiência – Efetivando direitos de aprendizagem na Educação Infantil**. São Paulo: Fundação Santillana. 2018b.

BRASIL/Ministério da Educação/Secretaria de Educação Básica. **Diretrizes Curriculares Nacionais para a Educação Básica**. Brasília: MEC/SEB, 2013.

BRASIL/Ministério da Educação/Secretaria de Educação Básica. **Base Nacional Comum Curricular**. Brasília, 2018.

BRASIL/Ministério da Educação e Desporto/Secretaria de Educação Fundamental. **Referencial Curricular Nacional para a Educação Infantil**. Vol. 3. Brasília: MEC/SEF/Coedi, 1998.

BROUGÉRE, G. **Brinquedos e companhia**. São Paulo: Cortez, 2004.

CHAVES, M. **Versos para brincar e aprender**. Vol. 1. Maringá: Girassol Cursos e Capacitação, 2021.

CRAIDY, C.; KAERCHER, G.E. (orgs.). **Educação Infantil: para que te quero?** Porto Alegre: Artmed, 2001.

DESLANDES, S.F.; COUTINHO, T. The intensive use of the internet by children and adolescents in the context of covid-19 and the risks for self-inflicted violence. **Ciência e Saúde Coletiva**, n. 25, sup. 1, 2020. doi: 10.1590/1413-81232020256.1.11472020

EMERIQUE, P.S. **Brincaprende: dicas lúdicas para pais e professores**. Campinas: Papirus, 2003.

FREIRE, M. **A paixão de conhecer o mundo: relatos de uma professora**. 9. ed. Rio de Janeiro: Paz e Terra, 1983.

FURTADO, V.Q. **Uma intervenção psicopedagógica via jogos de regras**. 3. ed. Petrópolis: Vozes, 2012.

HORN, M.G.S. **Sabores, cores, sons e aromas: a organização dos espaços na Educação Infantil**. Porto Alegre: Artmed, 2004.

LEWANDOVSKI, C.I. **As influências dos jogos eletrônicos no desenvolvimento infantil**. Trabalho de conclusão de curso (Graduação em Psicologia). Santa Rosa: Unijuí/Departamento das Humanidades e Educação, 2015.

MAGALHÃES, C.; EIDT, N.M. **Apropriações teóricas e suas implicações na Educação Infantil**. Curitiba: CRV, 2019.

MUCELIN, C.A.; BELLINI, M. Lixo e impactos ambientais perceptíveis no ecossistema urbano. **Sociedade & Natureza**, Uberlândia, v. 20, n. 1, p. 111-124, jun./2008.

NASCIMENTO, M.L.B.P. **Invisibilidade e participação: desafios dos estudos da infância – Encontro virtual**. Grupo de Pesquisa Criança, Sociedade e Cultura (Crias). Universidade Federal da Paraíba, jun./2020.

OLIVEIRA, M.R.F. **A lógica do consumo na sociedade contemporânea e sua influência na mediação do professor no processo de formação do pensamento infantil**. Tese (Doutorado em Educação). Maringá: Universidade Estadual de Maringá, 2011.

OLIVEIRA, M.R.F. O (in)evitável acesso das crianças às novas tecnologias: tessituras formativas em tempos atuais. In: MELLO, D.E. (org.). **Reflexões e experiências didáticas com tecnologias digitais**. Londrina: Madrepérola, 2021.

PARANÁ. **Referencial curricular do Paraná: princípios, direitos e orientações**, 2018.

SAITO, H.T.I.; OLIVEIRA, M.R.F. Trabalho docente na Educação Infantil: olhares reflexivos para a ação intencional e planejada do ensino. **Imagens da Educação**, v. 8, n. 1, e39210, 2018, p. 1-15.

SANTOS, M.W.; TOMAZZETI, C.M.; MELLO, S.A. (orgs.). **Eu ainda sou criança – Educação Infantil e resistência**. São Carlos: Edufscar, 2019.

SCARDUA, V.M. Crianças e meio ambiente – A importância da Educação Ambiental na Educação Infantil. **Facevv**, n. 3, 2009, p. 57-64.

VYGOTSKY, L.S. **Obras Escogidas – Tomo II: Conferências sobre psicología**. Madri: Visor, 1991.

VYGOTSKY, L.S. **Psicologia pedagógica**. 3. ed. São Paulo: WMF Martins Fontes, 2010.

Anexos

Anexo 1 –
Cartelas bingo das formas

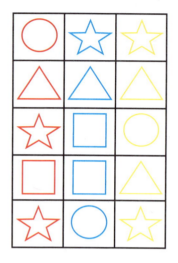
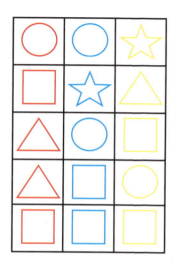

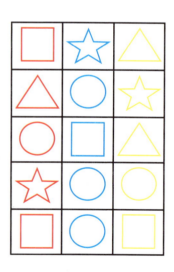
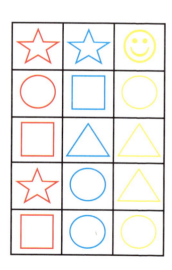

191

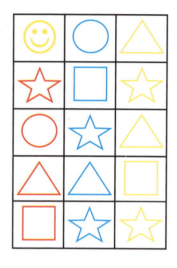
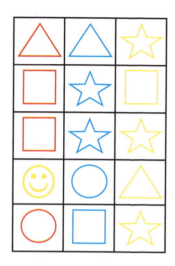
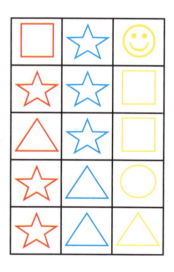
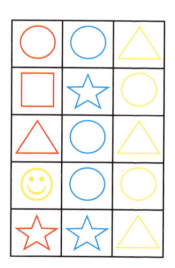

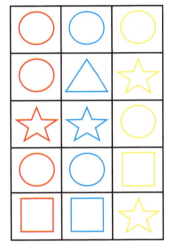 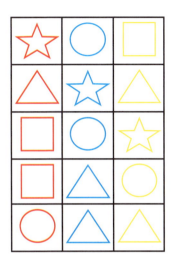

Anexo 2 –
Palavras que rimam

sabão	pão
PATO	GATO
VIOLÃO	LEÃO
MÃO	MACARRÃO
CANECA	BONECA
FLOR	COUVE-FLOR
PANELA	JANELA
ESPELHO	JOELHO
SORVETE	CAPACETE
GALINHA	JOANINHA
UVA	CHUVA
VELA	PANELA
DENTE	PENTE
RATO	GATO
ELEFANTE	REFRIGERANTE

Sobre as autoras e coautoras

Autoras

Valéria Queiroz Furtado

Pós-doutora em Educação Física pela Universidade Estadual de Campinas (Unicamp), linha de pesquisa: Corpo, Educação e Escola; doutora em Educação pela Unicamp; mestre em Psicologia Educacional pela Unicamp; especialista em Neuropsicologia pela Faculdade de Medicina da Universidade de São Paulo (USP); especialista em Psicologia Clínica Aplicada à Neurologia Infantil pela Faculdade de Ciências Médicas da Unicamp; graduada em Psicologia pela Universidade Estadual Paulista (Unesp). É professora-adjunta do Curso de Psicologia da Universidade Estadual de Londrina (UEL); pesquisadora do Grupo de Estudos em Desenvolvimento Humano e Aprendizagem; colaboradora no projeto de pesquisa Semiformação e Educação no Contexto da Sociedade Danificada: para além do território demarcado; coordenadora do projeto de extensão Formação Docente em Educação Ambiental na Infância:

práticas pedagógicas lúdicas à luz da BNCC, da UEL.
Lattes: http://lattes.cnpq.br/5719144791916174
Orcid: http://orcid.org/0000-0003-0810-5598
E-mail: valeriauel@uel.br

Marta Regina Furlan

Pós-doutorado em Filosofia da Educação pela Universidade do Extremo Sul Catarinense (Unesc, Criciúma); pós-doutorado em Educação pela Universidade Estadual Paulista Júlio de Mesquita Filho (Unesp, Marília); pós-doutorado em Educação pela Universidade do Extremo Sul Catarinense (Criciúma), com bolsa de estudo Edital Capes/CNPq 2020; doutora em Educação pela Universidade Estadual de Maringá (UEM, Maringá). É docente do Curso de Pedagogia e do Programa de Pós-Graduação em Educação da Universidade Estadual de Londrina; líder do grupo de estudos e Pesquisa em Educação, Infância e Teoria Crítica (Gepeitc/CNPq); coordenadora do projeto de pesquisa Semiformação e Educação no Contexto da Sociedade Danificada: para além do território demarcado; coordenadora do projeto de pesquisa Critinfância: trilhas e sentidos para a educação da infância em tempos de resistência.
Lattes: http://lattes.cnpq.br/8423465824507075
Orcid: http://orcid.org/0000-0003-2146-2557
E-mail: mfurlan.uel@gmail.com

Coautoras

Diana Nakao Lima

Graduada em Psicologia com ênfase em Investigação Científica e Intervenção em Processos Clínicos e Saúde e ênfase em Investigação Científica e Intervenção em Processos Sociais e Institucionais pela Universidade Estadual de Londrina (UEL). Colaboradora no projeto Formação Docente em Educação Ambiental na Infância: práticas pedagógicas lúdicas à luz da BNCC, da UEL. E-mail: diana.nakao.lima@uel.br

Egláine Ferreira da Costa Poliquesi

Psicóloga, graduada em Psicologia pela Universidade Estadual de Londrina (UEL, 2019), com ênfase em Processos Clínicos de Promoção e Prevenção em Saúde. Colaboradora no projeto Formação Docente em Educação Ambiental na Infância: práticas pedagógicas lúdicas à luz da BNCC, da UEL. E-mail: eglainepoliquesi@gmail.com

Paula Schwengber Welter

Graduada em Psicologia pela Universidade Estadual de Londrina (UEL) e pós-graduada em Neurociências também pela UEL. Bolsista do Programa Universidade Sem Fronteiras, atuando como psicóloga do Núcleo de Apoio Social e Psicológico da Universidade Estadual do Norte do Paraná; colaboradora externa no projeto de extensão Formação Docente em Educação Ambiental na Infância: práticas pedagógicas lúdicas à luz da BNCC, da UEL. E-mail: psi.paulawelter@gmail.com

Rebeka das Neves Andrade

Psicóloga graduada em Psicologia com ênfase em Processos de Prevenção e Promoção em Saúde e Processos Clínicos pela Universidade Estadual de Londrina (UEL); pós-graduada em Terapia Analítico-comportamental pelo Centro Universitário Filadélfia (Unifil). Atua na área clínica e é colaboradora externa no projeto de extensão Formação Docente em Educação Ambiental na Infância: práticas pedagógicas lúdicas à luz da BNCC, da UEL. E-mail: rebekadasnevesandrade@gmail.com

Renata Vieira Rolin

Psicóloga graduada em Psicologia com ênfase em Processos Clínicos e Psicologia em Processos Institucionais e Educativos pela Universidade Estadual de Londrina (UEL); pós-graduanda em Neurociências pela UEL; graduanda em Análise e Desenvolvimento de Sistemas pelo Centro Universitário Filadélfia (Unifil). Vinculada ao projeto de extensão Formação Docente em Educação Ambiental na Infância: práticas pedagógicas lúdicas à luz da BNCC, da UEL. E-mail: renatavieirarolin@gmail.com

Sofia Lira Chiodi

Mestranda do Programa de Pós-Graduação em Psicologia da Universidade Estadual de Londrina (UEL), na linha de Avaliação Psicológica e Intervenções Clínicas. Psicóloga graduada com ênfase em Processos de Prevenção e Promoção em Saúde e Processos Clínicos pela UEL. Colaboradora no projeto de extensão Formação Docente em Educação Ambiental na Infância: práticas pedagógicas lúdicas à luz da BNCC, da UEL. E-mail: sofialchiodi@gmail.com

Thaís Ribeiro Novaes

Psicóloga, pós-graduanda em Terapia Analítico-comportamental pelo Centro Universitário Filadélfia (Unifil) e em Psicologia e Desenvolvimento Infantil (Fameesp); graduada em Psicologia pela Universidade Estadual de Londrina (UEL), com ênfase em Psicologia e Processos de Prevenção e Promoção em Saúde e Psicologia e Processos Clínicos. Colaboradora no projeto Formação Docente em Educação Ambiental na Infância: práticas pedagógicas lúdicas à luz da BNCC, da UEL. E-mail: thaisnovaespsi@gmail.com

Conecte-se conosco:

 facebook.com/editoravozes

 @editoravozes

 @editora_vozes

 youtube.com/editoravozes

 +55 24 2233-9033

www.vozes.com.br

Conheça nossas lojas:

www.livrariavozes.com.br

Belo Horizonte – Brasília – Campinas – Cuiabá – Curitiba
Fortaleza – Juiz de Fora – Petrópolis – Recife – São Paulo

  Vozes de Bolso

EDITORA VOZES LTDA.
Rua Frei Luís, 100 – Centro – Cep 25689-900 – Petrópolis, RJ
Tel.: (24) 2233-9000 – E-mail: vendas@vozes.com.br